普通高等教育"十三五"规划教材

大学生人文素养教育

主　编　刘静洋
副主编　赵苗苗　鑫　鑫

北　京
冶金工业出版社
2020

内容提要

本书以当代大学生人文素养现状为出发点，结合目前大学生人文素养缺失的现状，以提高大学生人文素养为核心，对人文素养做出了系统性地阐述，主要包括8大模块，即“大学之谓”“人文精神”“修身明志”“孝悌齐家”“诚信友爱”“尊师重学”“文以载道”“以史明鉴”，重在提高大学生人文素养。本书以发散性思维角度提出问题，引起大学生的思辨，重在人文素养的提升。

本书可作为高等教育学校人文修养课程的教材，也可作为广大社会青年提高个人素养的读物。

图书在版编目(CIP)数据

大学生人文素养教育／刘静洋主编．—北京：冶金工业出版社，2018.7（2020.8重印）
普通高等教育“十三五”规划教材
ISBN 978-7-5024-7824-7

Ⅰ.①大… Ⅱ.①刘… Ⅲ.①大学生—人文素质教育—高等学校—教材 Ⅳ.①G640

中国版本图书馆CIP数据核字(2018)第157430号

出版人　陈玉千
地　　址　北京市东城区嵩祝院北巷39号　邮编　100009　电话　(010)64027926
网　　址　www.cnmip.com.cn　电子信箱　yjcbs@cnmip.com.cn
责任编辑　戈　兰　王　双　美术编辑　吕欣童　版式设计　孙跃红
责任校对　郑　娟　责任印制　李玉山
ISBN 978-7-5024-7824-7
冶金工业出版社出版发行；各地新华书店经销；三河市双峰印刷装订有限公司印刷
2018年7月第1版，2020年8月第3次印刷
787mm×1092mm　1/16；9印张；219千字；136页
26.00元

冶金工业出版社　投稿电话　(010)64027932　投稿信箱　tougao@cnmip.com.cn
冶金工业出版社营销中心　电话　(010)64044283　传真　(010)64027893
冶金工业出版社天猫旗舰店　yjgycbs.tmall.com
（本书如有印装质量问题，本社营销中心负责退换）

前　　言

现代大学承担着人才培养的重要使命，秉承着人类文明的重要传统。大学顶层设计的蓝图绘制，离不开人文理念的润色与支撑，大学特色发展的解读与实施，离不开人文科学的视野和胸襟，大学人才培养的目标与定位，浸润着人文精神的素养与情怀。立足高等教育发展现状，我国实施世界一流大学和一流学科建设，无论内涵发展还是外延拓展方面，都离不开科学精神的支撑，更离不开人文情怀的滋润，那种单纯追求工具理性或技术理性的大学教育会被历史淘汰，价值理性为人们所推崇。

现阶段，我国部分大学生人文素养堪忧，难以跟上时代发展。这主要表现为：知识结构不合理，过分注重专业教育的实用性，忽视人文课程的学习，缺乏人文知识或对人文文化一知半解，思想道德素质不高，缺乏健全人格，没有树立正确的世界观、人生观和价值观，不能协调好自己的知、情、意、行，精神世界越来越趋向单一等。如何帮助当代大学生提升人文素养，成为当前高等教育不得不思考和解决的课题。

本书的出版恰逢其时，以新时期大学生人文素养问题为出发点，涉及面广，内容丰富，实用性强，其特点表现在以下几个方面：

(1) 紧扣时代。本书以我国对高校教育的具体要求为指引，旨在提升新时期大学生的人文素养。书中所援引的资料、案例，都是近几年出现的，反映时代主旋律，充分体现出本书关注时下、突出新意的特点。

(2) 主旨明确。本书作为大学生人文素养提升教材，以人（学生）为本，以文为重。人文素养涵盖广泛，包罗万象。而本书对于人文素养的内容界定是有所选择的，首先点明“大学”“人文素养”等关键词，又以我国儒家“推爱”的人文传统为编排逻辑，修身、齐家、尊师、友爱，最后以“以史为鉴”明晰人文的终极目的。这种求精务实的风格，使本书主旨明确，有的放矢。

(3) 体例新颖。本书的体例极具创意，每个章节以名理箴言开宗明义，再以案例导入主题，又以名词解释的形式阐明关键概念，继以案例讨论模拟观点争锋，让正确的价值观浮现，山高月小，水落石出，最后以拓展资料延伸命题，使教材在彰显深度的同时兼备了广度。

因此，本书是一本具有知识性、实用性和科学性的教材，将为提升我国大学生人文素养产生积极作用。本书由沈阳大学的刘静洋任主编，赵苗苗、鑫鑫任副主编，由董海教授担任主审并统稿。

本书的出版也参考了当前国内外的许多人文素养方面的书籍，编写过程中得到了一线教学专家的关心指导，在此表示衷心感谢！书中引用、借鉴和参考了一些学术理论成果与观点、部分文献和案例，我们对这些材料作者致以深深的感谢！

由于编者水平有限，书中不足之处，欢迎读者批评指正。

编　者

2018年4月

目　　录

第一章　大 学 之 谓

第一节　何 谓 大 学

一、人文箴言

所谓大学者，非谓有大楼之谓也，有大师之谓也。

——梅贻琦

大学是传授知识的普遍场所，是一切知识和科学，事实和原理，探索和发现，实验和思索的高级保护力量。她描绘出理智的疆域，在那里对任何一切既不侵犯也不屈服。

——约翰·纽曼《大学的理念》

二、案例导读

大学——属于自己的舞台

大学是每个学子心目中的“象牙塔”。在读高中期间，小王也曾对大学有过幻想与憧憬，想象着自己将要进入的大学是怎样的，想象着大学中会发生的事。大学，成为了她心中的一片圣土。

当小王有幸迈入大学的门槛，却发现与其说大学是一片圣土，不如说大学是一个熔炉。大学校园融入了天南地北与社会方圆，其中有来自五湖四海的同学，有形形色色、丰富多彩的活动，形成了独有的校园文化；大学校园融入了中学时代的纯真，更包罗了世间百态、人间万象。无论是社会上常见的琐事俗事，还是学校独有的趣闻轶事，都会时常呈现在你面前，关键就要看你怎样去感悟与理解。于是，有些人步入大学后成了“神雕侠侣”，有些人却“笑傲江湖”，而另一些人只能“侠客行”了。

在大学生活了一段时间，小王发现这座“象牙塔”是有棱有角的，一不留意就有可能撞上。在中学时代，我们大多习惯于问老师该怎样做；但在大学，老师不会给你明确的答案，需要你自己去思考，去选取。例如，当你同时面临观摩全国英语演讲比赛和世界著名交响乐团的演奏时，你如何选取呢？对于小王来说，她会选取去听演讲，因为她认为观摩演讲比赛带给她的收获更多。当然不一样的人有不一样的看问题的角度，不一样的问题又有不一样的处理方法。其实，学会如何去思考问题，如何在两难中取舍也应被视作大学课程之一，更是对自我的一种锻炼。

小王的大学生涯即将过半，她也渐渐明白大学其实是一个舞台，一个属于大学生自己的舞台。在那里她既是导演又是主角，只要她敢于尝试，那么所有的聚光灯都会向她打来。而她要做的就是努力去演好自己的角色，坚信自己付出的青春与汗水定能换来一个美好的明天！

三、知识点链接

（一）大学概说

大学，英文为“university”，是由“universe”（宇宙）这个词的前身派生而来的。“Universe”的前身，在拉丁文中为“universus”，是由表示“一”的“unus”和表示“沿着某一特定的方向”的“versus”构成的，同样派生词“universitas”也指“一群个人的联合体，社团”。在中世纪，这个词被用来指由教师和学生所构成的新联合体，也就是今天的大学的最初形式。因此，大学从它产生到现在已有上千年的历史。中国现代大学起源于西方，现代西方大学又是从欧洲中世纪大学、英国大学、德国大学而到美国大学这样逐渐演化过来的。

今天我们所说的大学，泛指实施高等教育的学校，指提供教学和研究条件和授权颁发学位的高等教育组织，包括综合性大学、学院、高职高专等。大学的教学层次一般分为两种：研究生和本专科。研究生包含硕士研究生、博士研究生，本专科包含本科和专科。教学方式主要有全日制和非全日制两种方式。

大学提供专业教育，教给学生谋生的知识与本领，是学生进入专业的“入境港口”。以我国为例，我国高校现行的 13 个学科门类包括哲学、经济学、法学、教育学、文学、历史学、理学、工学、农学、医学、军事学、管理学、艺术学。每个学科门类下设一级学科，共有 110 个一级学科，每个一级学科下设若干个二级学科。如，“工学”这一学科门类下有“力学、机械工程、光学工程、仪器科学与技术、材料科学与工程、冶金工程、动力工程及工程热物理、电气工程、电子科学与技术、信息与通信工程、控制科学与工程、计算机科学与技术、建筑学、土木工程、水利工程、测绘科学与技术、化学工程与技术、地质资源与地质工程、矿业工程、石油与天然气工程、纺织科学与工程、轻工技术与工程、交通运输工程、船舶与海洋工程、航空宇航科学与技术、兵器科学与技术、核科学与技术、农业工程、林业工程、环境科学与工程、生物医学工程、食品科学与工程、城乡规划学、风景园林学、软件工程、生物工程、安全科学与工程、公安技术”38 个一级学科，其中“机械工程”这一一级学科下有“机械制造及其自动化、机械电子工程、机械设计及理论、车辆工程”4 个二级学科。每所大学为每个学科专业都确定了具有特色的人才培养目标定位，拥有自己的人才培养方案，为社会各行各业培养专业人才。

与大学以前的中小学阶段相比，大学是一种功能独特的文化机构，是与社会的经济和政治机构既相互关联又鼎足而立的传承、研究、融合和创新高深学术的高等学府。大学探求高深知识，追求真理，相信科学技术的巨大变革力量，致力于发展科学技术，不仅保存与传递知识，更生机勃勃地创造和运用知识，以此培养高级人才。同时，大学还教给学生研究事物的态度、科学的思维方法和人生的智慧。从某种程度上说，这些通识教育比专业知识更为“有用”，对学生一生从事任何职业、对学生一生真实的生活更具有重要意义，能够使毕业生成为社会的良心和社会的向导，延续和扩展人类文化的命脉。也就是说，大学最根本的，是用人类积累起来的文化成果，浇灌人的智慧，培植人的德性，促进、保护和增强社会的文化价值观念，不断对社会变革进行分析，运用自己的批判和前瞻功能引导社会发展，促进人类与时俱进，日新月异。

（二）西方大学

从传统上来看，西方是科学的发源地，也是近代科学的中心。西方的大学教育发展历程与西方的科学发展历程密不可分。西方科学起源最早的代表是古希腊。在古希腊，科学发展的代表是数学，古希腊将数学的地位放在了对未知领域的渴望上，使得科学的发展脱离了功利性。由于古希腊的特有文化特点，使得古希腊自由民主的人文气息也深深地影响了那一个时代的科学家。古希腊哲学家柏拉图在这一时期登上了历史舞台。一般推测柏拉图出生的年份应该是在公元前427年或前428年，他生于一个较为富裕的雅典奴隶主贵族家庭，公元前399年，柏拉图的老师苏格拉底受审并被判死刑，柏拉图对现存的政体完全失望，于是开始游遍意大利、西西里岛、埃及、昔兰尼等地以寻求知识。约公元前387年，也就是在柏拉图40岁的时候，他结束旅行返回雅典，并在雅典城外西北角的Akademy创立了自己的学校——柏拉图学院，这所学院成为西方文明最早的有完整组织的高等学府之一，后世的高等学术机构（Academy）也因此而得名，也是中世纪时在西方发展起来的大学的前身。学院的名字与学院的地址有关，坐落于一处曾为希腊传奇英雄阿卡得摩斯住所的土地上，因而以此命名。学院存在了900多年，直到公元529年被查士丁尼大帝关闭为止。学院受到毕达哥拉斯的影响较大，课程设置类似于毕达哥拉斯学派的传统课题，包括了算术、几何学、大文学以及声学。学院培养出了许多知识分子，其中最杰出的是亚里士多德。柏拉图学院的设立开启了西方教学机构的历史。在他的价值观引导下，西方建立起一种纯粹的学术与思考传统。

西方大学的第二个阶段是欧洲的中世纪。中世纪一般指欧洲历史上自西罗马帝国灭亡（公元476年）到英国资产阶级革命（公元1640年）的这段时期。这也是一个科学与人文泯灭的时期，封建割据带来频繁的战争，天主教对人民思想的禁锢，教会和封建专制联手压抑了人们的思想，愚弄人民，造成科技和生产力发展停滞，人民生活在毫无希望的痛苦中，所以中世纪或者中世纪早期在欧美普遍被称作“黑暗时代”，传统上认为这是欧洲文明史上发展比较缓慢的时期。但是，西方大学教育体系的发展并没有随着科技发展的停滞而暂缓，由于那个时代的大学与教会是紧密联系的，准确地说，那个时代的大学就是教会创办的。西方大学在中世纪反而开始了快速发展，西方办学历史悠久的巴黎大学、牛津大学、剑桥大学等都是在那个时代开始建立的。这一时期的大学开始了分专业教育，四个基本学科（系）是法学、医学、文学、神学。

西方大学的最后一个阶段是工业革命之后。西方的大学随着科技发展的需要迅速发展，进入一个快速发展期。在这个阶段，西方思想自由，学术自由之风开始加强。在著名教育家洪堡看来，“优秀的大学，应该在管理上与政府划开界限，而政府需要做的，就是在经费上面支持这些大学。”经过了几百年的努力，他们摸索出了一套培养方案，一种将科学素养和人文素养齐头并进的通识性人才培养模式。

（三）中国大学

在中国，先秦时期，教育的职责是传授诗书礼乐，孔子是中国教育的开路者。孔子出生于公元前551年，三十岁时，熟悉、精通“六经”等古代的大量文献，面对周室衰微、礼崩乐坏、诸侯纷争和政治动乱的社会现状，他立下了救世的宏愿。此时的孔子已成为鲁国人所周知的品德高尚、学问精深的知名人物，他开始在民间创办私学，“始教于阙里”。孔子整理了《诗》《书》《礼》《乐》《易》《春秋》这六部经典作为教科书，按学生不同的品行与才性施以教育，培养出参政与从教的不同人才。

中国古代的国立大学称为“太学”，西周太学又名大学，天子和诸侯均设之。夏、商、周时对太学的称谓各有不同，在夏为东序，在商为右学，周代的大学名为上庠，郑玄：“上庠为大学，在王城西郊。”汉武帝时，采纳董仲舒“天人三策”，“愿陛下兴太学，置明师，以养天下之士”的建议，于京师长安设立太学。太学之中由博士任教授，初设五经博士专门讲授儒家经典《诗》《书》《礼》《易》《春秋》。唐代长安城设立国子监，有国子学、太学、四门学、律学、书学、算学。后又在东都洛阳设立了一个国子监，与长安国子监合称“两监”。国子监长官为国子祭酒，诸学有博士、助教、典学、直讲等学官，掌教学。国子生、太学生、四门生入学后，要根据将来在科举考试中考进士科还是考明经而分科学习儒家经典。宋代太学形成一套比较完整的学制。太学生从八品以下官员子弟和平民的优秀子弟中招收。宋代太学为统治者培养出大批官员和学者。明代的官办学校中，比府、州、县儒学更高一级的是南北两京的国子监。一般沿旧的习惯，也称之为太学。明代国子生除在堂读书外，还有历事的规定。这实际上是监生们的实习安排。其制始于洪武五年（公元1372年）。建文中定考核法，将监生考定为上、中、下三等，上等选用，中、下等则历一年再考。上等依上等任用，中等随才而用，下等仍回监读书。清初，修整明北京国子监为太学，裁南京国子监，改为江宁府学。国子监是全国最高学府，设祭酒满、汉各一人，司业满、蒙、汉各一人，职在总理监务、执掌教令。从汉代的太学，到隋朝、魏晋、明、清的国子学（国子监），可以说是中国古代意义上的大学，都是当时的最高学府。

中国古代也有民间的教育机构，那就是书院。书院开始只是地方教育组织，最早出现在唐朝，正式的教育制度则是由朱熹创立，发展于宋代，宋代书院的出现意味中国民间高等学校的诞生。原由富室、学者自行筹款，于山林僻静之处建学舍，或置学田收租，以充经费。当时，著名的书院有河南商丘的应天府书院、湖南长沙的岳麓书院、江西庐山的白鹿洞书院、河南登封太室山的嵩阳书院、湖南衡阳石鼓山的石鼓书院、江西上饶的鹅湖书院、广东广州的粤秀书院，其中粤秀书院是康熙四十九年清廷御批的官办学院，为清代广州四大书院之首。

中国汉朝以后千余年，官立的古代大学传讲的是正统儒学与古代经典，培养政治人才。不过，中国古代的高等学府和西方现代的大学存在差异。尤其是官办学校以培养治理政府仕人及从事文化教育的文人为主，学科上尤其缺乏自然科学，直到近代整个传统教育体系都面临着转型、革新。19世纪末20世纪初，中国引入西学（美式教育），创办新式学校，于1905年末颁布新学制，废除科举制，并在全国范围内推广新式学堂，宣统元年（1909年），地方科举考试停止以后，中国的现代教育得以迅速发展。中国最早创办的大学是诞生于19世纪60年代的外国教会大学——上海圣约翰学院，而官办最早的大学是北洋大学堂（1895年），之后是南洋公学（1896年）和京师大学堂（1898年）。中华人民共和国的成立，使中国高等教育的发展进入一个新的时期。1978年以后，随着改革开放基本国策的确立，中国的高等教育重新走向世界。进入20世纪90年代，政府陆续制定颁布了《中华人民共和国高等教育法》《面向21世纪教育振兴行动计划》《中共中央国务院关于深化教育改革全面推进素质教育的决定》等一系列法规，借鉴世界各国高等教育发展的经验，加快了中国高等教育改革的步伐。中国近代高等教育终于有了明确的、与世界高等教育发展同步的理念、目标与方向。

中国教育与西方相比，公立大学影响力远远超过私立大学。这个特点和中国的教育发展历史是相关的，一方面，思想教育是政权延续的重要支持，大学作为思想教育的核心资源长久以来一直控制在国家手上，这与西方的教廷传教是相似的；另一方面，中国相比西方少了一个漫长的技术传承阶段，这使得中国教育更加紧迫地需要通过集中力量来促进现代大学建设，私立大学难以达到这个速度。

四、案例讨论

从一个新闻专业大学生的成功看大学生涯规划

郑州某高校新闻学专业学生小王算了算，自己每学年有165天的节假日，很多同学都用在放松休闲上，但是她没有，因为在小王心目中还有“头等大事”——跑新闻。小王从大一开始就在郑州某都市报实习。从那时起，她把自己所有的课外时间都用来去跑新闻。采访完回学校后，她还要写稿，甚至为此经常熬夜。有很多同学议论小王是瞎忙活，天天那么忙也没见挣多少钱。但是小王心里很有数：我们学校很多新闻学专业的研究生甚至都不会写消息。她认为，新闻理论和新闻实践是两码事，是否有实践经验决定就业竞争力的大小。

果然，等到毕业就业时，小王是所有同学中工资最高的，也是唯一一个进入省级报社工作的。从小王的例子可以看出，企业非常重视专业实践能力。所以对于大学生来说，既要学好专业知识，又要增强自己的实际动手能力，有很多任务要去完成，所以一定要好好规划时间。首先，要加强以就业为目的的社会认知，尽早确定自己的就业方向和职业定位。其次，要以就业为目标，规划好大学四年时间，然后开始制订行动计划，选择需要采取的方式和途径。大学生可以把大学四年分成四步，规划自己的时间。

大一为第一步：首先，了解自己的专业，看自己是不是很喜欢，如果不喜欢就要尽早考虑转专业或者选修第二专业。其次，利用社会实践、社团活动或者有目的的兼职，初步了解社会、接触社会，提高人际沟通能力。另外，多与师哥师姐们进行交流，询问就业情况；参加学校活动，增加交流技巧；学习与自己专业相关的知识，辅助自己的学习。

大二为第二步：首先，利用好寒暑假时间，到相关的就业岗位，锻炼实践能力。了解相关工作环境和对能力的要求。其次，用比较短的假期以及周末，选定3～5本有实战经验的作者写的专业相关书籍，加强专业知识的深度和广度，紧跟专业知识的发展潮流。另外，提高自己的基本素质。通过参加社团和社会实践，锻炼自己的各种能力。比如，提高自己的责任感、主动性和受挫能力，或者加强英语口语能力和计算机应用能力。

大三为第三步：首先，要对就业的行业、职业、公司以及具体岗位进行了解。尤其要注意了解企业的用人标准。要让自己大三的具体行动方案跟企业的用人标准对接。另外，可以通过在网络上回答问题，或者是在自媒体撰写专业学术文章，提出自己的见解，加强对专业知识的理解；同时，参加和专业有关的暑期工作，和同学交流求职工作心得体会；了解搜集工作信息的渠道，并积极尝试。

大四为第四步：首先，根据最新的企业用人标准，对前三年的准备作一个总结，如有差距，有针对性的进行补充。其次，锁定 3 ~ 5 家具体的就业公司。了解它们具体的工作环境、福利待遇、发展空间以及业务经营情况。另外，积极参加招聘活动，在实践中检验自己的积累和准备，并了解实际的人才市场情况，努力通过非目标性公司的面试、预习或模拟面试。最后，为参加锁定目标企业的面试做好准备，包括简历、着装以及面试技巧。同时要有备选目标。

有就业压力，就要尽早准备。准备就要有针对性的目标。面向就业，以企业的用人标准为目标，理论与实践并重，主动积极、坚持不懈，人生的小船就不会迷失方向。

问题讨论

1. 大学是什么？

____

____

____

____

____

____

____

2. 你上大学的“初心”是什么？

____

____

____

____

____

____

____

3. 你如何规划自己的大学生涯？

五、拓展提升

当代大学生应该培养的能力

【能力一：学习理论知识能力】

一个优秀的大学生必须拥有扎实的文化知识，包括专业知识和非专业知识，最终形成自己的知识体系。因为任何工作，无论是科学、教育研究，还是具体的实践作业，都需要丰富的理论知识。所以，作为一名大学生，就应该把课堂的知识学好，同时，要博览群书，增加自己的理论知识，达到充实自己的目的。

【能力二：实践动手能力】

学历在一定程度上可以证明一个人读书的能力，但是社会中企事业单位要提高生产率，要创造更多的经济效益，他们更重视的是大学生的实践能力。基于这一点，越来越多的大学开始安排学生在校期间就尽量参加社会实践，有些是在大学的实验室，有些则是选择联合培养的企业，形式多样，这在很大程度上"逼"着学生提高了实践能力。大学生应该从心底发出"我要实践"的呼喊，努力争取各种机会锻炼自己的实践能力，不是为了学分，也不是为了学校，是为了自己，为了让自己成为一个对社会真正有用的人才，否则，也只能在求职大军中做那个几乎是天文数字的分母了。

【能力三：人际交往能力】

人际交往能力是现代社会人才的重要素质，是衡量一个人能否适应社会的重要标志。大学是人生中一个特殊的时期，人际关系又是这个时期必不可少的重要内容，人际交往对大学生社会化及个性发展的完善有着极其重要的意义。人际交往能力在大学生的整体素质中占有非常重要的地位，它直接影响到学生的全面发展。因此，必须注重大学生人际交往能力的培养。许多大学生依旧同中学时期一样，两耳不闻窗外事，一心只读圣贤书，对于人际关系中的奥妙他们从来不肯花心思去体会，这就是只会做事、不会做人。大学里也有很多人，他们在中学时代会为了高考而一心读书，但是上了大学后便开始有意识地培养自己的人际交往能力，或参加社团，或竞选干部，总会有合适的机会，无论在其中遇到了怎么的挫折，都是在经历十分重要的自我成长过程，是十分正确的选择。

【能力四：口语和书面表达能力】

语言是人类最重要的交际工具，语言表达能力是素质教育的重要体现。口头语言及书面语言表达能力包括在交流的过程中运用字、词、句、段的能力，具体指用词准确、语意明白、结构妥帖、语句简洁、文理贯通、语言平易、合乎规范，能把客观概念表述得清晰、准确、连贯、得体，没有语病。许多大学生几乎每天都在同机器交流，寄情于网络，说话的机会越来越少，与他们交流几乎成了一种奢望，他们对于条理清晰、目的明确的“说”甚至是能避就避，直接导致了大学生们口语表达能力普遍性的严重退化。书面表达能力方面更是堪忧，甚至在大学生们的毕业论文里，到处都充斥着错别字和病句，语不合体、词不达意、遣词造句能力差、语言啰唆等问题比比皆是，这与当前积极推进的素质教育极不相称。表达能力的好坏决定着在社会交往过程中你所处的地位是主动还是被动。大学生必须从观念上产生危机意识，在大学里着力培养自己的表达能力，多给自己创造登台的机会和当众演说的机会，在朋友聚会或是聊天时，多发表一些独到的见解，这些都有助于口语表达能力的提高。闲暇时间写些东西，比如博客，也可以锻炼思维，锻炼分析问题的能力，与口语表达能力相得益彰。

【能力五：开拓创新能力】

创新，是一个民族的灵魂。与时俱进，是时代赋予大学生的使命。因循守旧、循规蹈矩地对待生活、对待事业，最好的结果也就是停滞不前，这种做法比较适合缺少远大抱负、安于现状的大学生。未来要想在千百万求职大军中成为幸运儿，具备一流的创新能力是必须的。企事业单位要发展，发展靠员工，员工创新能力的高低直接决定企业发展程度的好坏。因此，大学生在大学期间一定要努力做到多看、多听、多想，其中最重要的就是“多想”。面对一个问题，如果没有合理的解决方案，你是否能够提一个出来；如果已经有了解决方案，你是否能够提出一个更好的来。在大学，有兴趣的同学可以积极参加一些国家举办的各项创新大赛，比如机器人设计大赛、软件创新大赛等，拿奖不是目的，重要的是这些活动确实能够锻炼一个人的思维水平、创新能力和实践能力，而这些经历将有助于使你今后的简历能受到更多用人单位的青睐。

【能力六：心理调节能力】

大学生是半只脚踏入社会且对社会有深远影响的特殊群体，他们的心理健康影响到整个社会未来的走向，良好的心理调节能力更是每一位成功人士的必备品质，故而大学生的心理调适能力与发展方向是各高校高度关注的问题。今天的大学生，比以往任何一代大学生都具有主体意识、参与意识、竞争意识、效率和效益意识，这些都是走上工作岗位不可缺少的心理素质，应鼓励大学生充分认识到“自己的努力”是成才的第一要素，摒弃单纯依赖别人、投机取巧、怕苦畏难的懦夫懒汉思想，增强敬业精神，自觉接受知识结构的调整和思维方式的转变，避免自我期望过高、环境适应能力差、意志自控弱等问题，克服学习活动中的厌学心理、人生追求中的思想障碍、恋爱过程中的人格变态、择业过程中的焦虑心态等不良情绪。“不以物喜，不以己悲”是中国人自古崇尚的优秀品格。走向社会之前，大学生应该好好利用大学这段宝贵的时光，培养自己对待问题的冷静态度，养成良好的心理调节能力，对人、对事时刻保持一个平和的心态。

【能力七：爱的能力】

“爱的能力”是人与他人建立亲密关系的能力，只有具备了爱的能力，才能真正的爱他人、爱自己，也才能真正体会到爱带给人的快乐和幸福。同时，也只有具备爱的能力的人，才会有大爱，才会让我们的学生成长为爱社会、爱国家的人。爱父母，感恩、孝敬父母，是中华民族的传统美德，也是每一位大学生必备的品质。“羊有跪乳之情，鸦有反哺之义”。大学生要有爱父母的理念，从现在做起，从身边的小事做起，用关爱去回报父母的恩情。恋爱的能力也是大学生应该开始培养的。大学生踏入社会后，需要知道，恋爱的目的是婚姻，你所准备接受的对象未来是否能具备达到彼此相助的义务、赡养老人的义务、抚育孩子的义务，这是很慎重的问题。要培养正确表达爱、合理接受爱的能力，同时也要具备能够拒绝爱、承受失恋痛苦的能力，摆正爱情与学业、事业的关系。

第二节　象 牙 塔 下

一、人文箴言

自强不息，厚德载物。

——清华大学校训

为学须觉今是而昨非，日改月化，便是长进。

——朱熹

二、案例导读

“象牙塔”下的奋力拼搏

李媛在大学三年级的时候，被学院评选为“十佳大学生”。她觉得这是一份可贵而难得的荣誉，同时也觉得自己在学习生活中十分刻苦努力，不断奋进，是一个合格的大学生，渴望得到这项荣誉，更借此检验自己。所以，她勇敢地站在演讲台上，讲述自己象牙塔下拼搏向上的故事。她想，作为一个学生，一个学生干部，除了期望自己能够尽己所能没有遗憾地完成该做的事情以外，其实更期望能够被别人肯定，从而拥有继续努力下去的信心。喜欢荣誉不是一个人的错，在追求荣誉的过程中获取到更有价值的东西，才是关键的好处之所在！

进入大学之后，李媛感觉到了足够的自由空间，那时候，她笑称自己如鱼得水，因为有着那么多的时间去做自己喜欢的事情，有那么多的平台去展示自己，有那么多的机会去结识许多志趣相投的朋友。

在学习方面，她以较高的分数通过了大学英语四六级考试以及计算机二级考试，并且连年获得一、二等奖学金。

在活动方面，刚入校不久，她代表学院参加了学校的青春风采演讲暨普通话大赛，初露锋芒，捧回一个二等奖。与学院里一位学长合作，全程英语主持了学校第四届英语朗诵大赛，随后在学校第四届英语翻译大赛口译中获得第五名。院级辩论赛，她挑战着心里的胆怯，担任了辩论队四辩，却意外获得最佳辩手。在英语学习月期间，主持了英语电影配音大赛，并且在英语风采大赛中获得了一等奖。

在工作方面，她加入校英语广播电台，主持每周二的英语广播节目，被评为优秀工作人员。之后，学校博物馆招聘讲解员，经过层层的筛选，她成为了其中一位，并且做了讲解队队长。在此期间，接待了无数国内专家学者、巴西孔子学院等国外高校访问团、各学院回访校友、中小学师生以及周边市民，并且与兄弟大学讲解团队进行了相互访问，组队与博物馆、纪念馆一起参加讲解员大赛促进交流与学习。大三开始担任学通社社长以后，她紧密团结社内成员，在幕后竭尽全力、默默无闻地为学院做着各种新闻宣传报道工作，在校网站校报的发稿量相比于往年有明显提高。她用心与校记者团合作，向校外媒体投发学院的宣传稿件，也获得了良好的成效。作为班上的学习委员，对于班上的各项事务，她一向尽职尽责地去做，并且时常与班主任以及其他班委交流，用心为班级建设献计献策。

她时刻牢记一个中共党员所要起到的先锋模范带头作用，用心要求上进，严格要求自己的行为，在生活中与老师和同学们相处也十分融洽。

她习惯去反省与思考，也自知在很多方面做的还不够。参加“十佳大学生”的评选演讲，一方面的想法也是想明白在她身边那么多优秀的学生，他们是怎样走过的这些大学时光，自己与他们的差距究竟在于哪里，还需要在哪些方面去努力。

辅导员老师总笑李媛是一匹野马，她在心里很感激这样一句评价，因为真的很感谢老师能这样去理解她。她期望，自己不仅仅是一匹野马，更是一匹有分寸、有理性、有闯劲却又不失棱角的野马，能依靠自己的努力，增长学识，锻炼能力，成为所有伯乐所赏识的千里骏马！

三、知识点链接

（一）大学的任务

我国法律规定，“高等教育的任务是培养具有创新精神和实践能力的高级专门人才，发展科学技术文化，促进社会主义现代化建设”。这里所说的高级专门人才，决不能狭隘地理解为具有高级专门知识的人，大学要培养的人应该有健全人格、高尚情操、丰富知识、强健体魄，是有社会责任感、实践能力和创新精神的人，是有全球视野和家国情怀的人，是爱国敬业诚信友善的人。对于大学来说，这样的人应有所专长，是高素质的专业人才。因而这样的人当然应是具备就业能力和创业精神的人。

由于高校毕业生是重要的就业群体，因此有人认为，就业应是大学教育的目的；也有人不以为然，强调不能以就业作为大学教育的目的，大学应培养博雅之人，切不可功利化、工具化。事实上，二者并不矛盾。教育要同时适应人的发展和社会需求，人的发展与社会需求具有一致性，这根植于人的社会性，因为人的生存和发展都离不开社会，而社会的需求本质上就是人的需求。从这个意义上讲，教育的目的在于人，就包含了人自身发展与社会发展的统一。因此，高等教育阶段以人为本的素质教育，应是包含并重视专业素质，而又超越专业知识传授的德智体美融合发展的教育。

（二）大学的功能

人才培养、科学研究、社会服务、文化传承创新正是大学功能的四个方面的内容。

第一，关于人才培养。人才培养是大学工作的中心。近年来，我国高等教育在如何培养人才上进行了不懈探索，借鉴发达国家的有益经验，逐渐摆脱了传统、单一的精英教育模式，实现了精英教育和大众教育并重，人才培养的内涵更加丰富。当前，随着知识经济、信息经济的快速发展以及各国综合国力竞争的日益激烈，高等教育培养各类人才的任务更加艰巨。这就要求大学充分履行职能，积极为公民提供公平的接受高等教育机会，为其中的佼佼者提供专业的学习和训练场所。

第二，关于科学研究。技术发明和科学研究是大学的重要功能，但这一功能不能脱离人才培养而独立存在。科学研究之所以是大学的重要活动，是因为它能够对教学进行及时补充和更新。大学和一般科研机构、企业等的基本区别就在于，大学的首要功能是教书育人而不是科研。这就要求我们审视人才培养与科学研究的关系，确立以人才培养为基点进行科学研究的发展思路。

第三，关于社会服务。大学不同于企业，它服务社会的方式是间接的而不是直接的，服务社会的功能主要通过人才培养和科学研究来实现。同时还要看到，服务社会不等于一味满足社会需求，大学还肩负着社会批评的功能。对于大学而言，社会服务和社会批评是同一功能的不同方面。在实践中，应将二者结合起来，才能更好地发挥大学服务社会、引领社会的功能。

第四，关于文化传承创新。大学的文化传承和创新，是传承马克思主义、传承中国优秀传统文化和外国优秀文明成果从而推动中国文化的创新和发展。

（三）大学的精神

大学精神的核心是以育人为第一要旨。首先，培养学生对国家、对民族的责任感；其次，引导学生树立正确的人生目的、人生理想、人生追求和科学的自然观、历史观、社会观和辩证唯物主义认识论；第三，教育学生爱祖国、爱父母、爱生活、爱事业；第四，培养学生能够坚持真理，胸怀坦荡，高风亮节，严于律己，宽以待人，淡泊名利，无私奉献；最后，培养学生自强不息、厚德载物的精神。大学精神的具体内容为“尊重科学、唯才是用、崇尚民主、韬光养晦”。

（四）大学的类型

目前，中国大学大致可分为研究型大学、应用型大学、高职高专院校等几类。

研究型大学是指把研究放在首位的大学，致力于高层次的人才培养与科技研发，在校研究生数量与本科生数量相当或研究生数量占有较大比例的大学。在科技创新方面，研究型大学作为中国最高层次人才培养和最新前沿科技研发的中心，以教书育人和科技研发为根本，拥有较高的人才和学术产出质量。在人才培养方面，研究型大学担负着培养国家经济社会发展急需的高素质优秀专业技术人才和推动社会经济发展的高层次杰出人才的双重任务。

应用型大学是指以应用型为办学定位，而不是以科研为办学定位的本科高等院校，以本科教育为主，部分应用型大学发展研究生教育，教学和科学研究以服务地方为宗旨。高等教育进入大众化发展阶段后，由于高校趋同发展导致高等教育结构和学科专业结构不合理，使得人才培养质量不能适应经济社会发展需要。2014 年 5 月 2 日，国务院出台《关于加快发展现代职业教育的决定》，提出引导一批普通本科高校向应用技术类型高校转型，重点举办本科职业教育。2015 年 3 月 5 日，李克强总理在政府工作报告中提出“引导部分地方本科高校向应用型转变。”2016 年 3 月 5 日，政府工作报告明确提出“推动具备条件的普通本科高校向应用型转变。”学校作为办学的主体，需要从发展目标、发展方式到评价机制进行全方位转变。重点是将办学定位转到地方性、应用型上，将人才培养目标转到应用型、复合型人才上，将培养模式转到校企合作“五个引入”上，将学科专业结构转到支撑和引领地方产业发展上，将师资队伍转到“双师、双能型”素质上，将课程建设转到“模块化”上。通过普通本科学校的转型发展，逐渐完善的应用型大学将为国家社会发展做出越来越大的贡献。

高职（高等职业学校）和高专（高等专科学校）都是专科（大专）层次的职业学校。所谓高职，可以用三句话来概括：它是高等教育，它是职业技术教育，它是职业技术教育的高等阶段。

（五）大学生与大学生活

大学有教书育人的良师。这里聚集着众多学者和专家，他们精通本专业的基础理论，了解最新的学术成果，具有丰富的科研实践经验，熟悉教育教学的客观规律。大学有浓厚的学习研究和创新的氛围。这里是知识创新、传播和运用的基地，是培养创新精神的摇篮，是接受人文精神和科学精神熏陶的园地。引领学术风气，促进思想交流，陶冶品德操守，建设精神文明，是大学的灵魂之所在。大学生可以在大学里深入学习科学知识，广泛汲取各种新的思想和学术成果，不断提高自身素质，确立正确的世界观、人生观和价值观。

大学阶段的学习，知识的广度和深度大大增加，专业方向基本确定，需要大力发挥学习的主动性、创造性。大学一般实行的是学分制，除了公共科目、学科基础课和专业课属于必修课之外，各专业还开设选修课，大学生可以根据个人兴趣和能力选修相关课程，自由支配的学习时间增多，学习的主动性大大增强。大学图书资料和各种信息丰富，获取知识的渠道更加多样化，熟练利用图书馆和互联网搜集资料和掌握信息，成了学生们必备的学习技能。广泛涉猎相关知识，掌握科学的学习方法，培养自主学习和独立思考问题、分析问题、解决问题的能力，是大学阶段学习的重要特点。

进入大学以后，大学生离开父母独立生活，许多同学还远离家乡，衣食住行等日常生活都要靠自己安排。同学们来自五湖四海，兴趣爱好、生活习惯可能存在差异，主动地加强沟通和交流，互相理解和关心成为一种需要。自理能力强的学生会很快适应，应对自如；自理能力弱的同学，则可能计划失当，顾此失彼。因此，同学们要尽快适应新环境，既要学会过集体生活，又要学会独立处理学习生活中遇到的各种实际问题。

进入大学后，党组织、团组织、学生会、班委会等组织活动增多，由志趣、爱好相同的同学自愿组织起来的各种学生社团的活动丰富多彩，参加各种社会活动的机会大大增加。因此，大学生可以根据自己的特点和爱好、时间和精力积极参加各种活动，合理安排课余生活，锻炼组织和交往能力。

四、案例讨论

本科生争相到高职“回炉”

小刘是2013年毕业的本科大学生，他学习的是食品科学与工程专业。2013年，全国大学毕业生达到699万，可以说是中国高等教育史上“最难就业年”。为了找到一份心仪的工作，大四开始，小刘就参加各种校园招聘会。但是，让他失望的是，简历投出去10多份，却始终没有回音，打电话询问，得到的答复往往是“应届大学生动手能力不强，技能不够，不能直接上岗工作，我们需要有工作经验的员工。”小刘说，同学们在求职的过程中，多数都遭遇过这样的窘境，很多公司都要求有两年或三年以上的工作经验，象牙塔里理论知识丰富的大学生们陷入了茫然。正在这个时候，关注到就业市场人才需求情况的该省教育厅想出了办法，以三所学校为试点，建立省级职业技能培训基地，对高校应届毕业生展开职业技能培训。小刘从学校获知这一消息后，非常高兴，马上报了名，他结合自己的专业特点和择业方向选择了一门新课程——啤酒酿造。而这门课程，需要专门到某职业技术学院去学习。在这里，小刘和有着同样困惑和期待的来自多所高校的本科生学习了各种啤酒的酿造过程，既增长了动手能力，又加深了对课堂所学理论知识的理解。小刘说，培训的实验室完全按照企业车间打造，学习的过程完全是实战演练。

职业类高等院校在学历意识浓重的时代，在学生及家长的心中“身价”较低，但实际上，职业教育的“逆袭”早在几年前就已经开始了。考察全国多所具有专业特色的职业教育学院，近年来就业率平均达到了96%以上。专科生就业率反超很多高校的很多专业本科生，其原因在于本科生虽学到了很多高深的理论知识，但由于缺乏实践，真正到了企业要动手操作时，却往往无法动手一展才华。大学理论知识的讲授与企业实际需求对接不好，不能以市场需求为导向来培养学生，是造成大学生就业难的一个重要的原因。这也是多个国家普通高等教育发展中普遍存在的问题。这一问题也亟待通过各种实践能力培养计划得到解决。

问题讨论

1. 如何理解大学中“学习”与“实践”的关系？

2. 如何提高实践能力？

3. 你对未来就业的设想是什么？

五、拓展提升

德国的“双元制”教育模式

德国作为欧洲产值较高的国家，让人敬佩，德国制造享誉全球。德国经历了第一次世界大战和第二次世界大战，被打得体无完肤，是什么支撑着德国能快速地恢复，并且又重新走向辉煌？从教育的角度来说，德国的“双元制”教育模式贡献十分重大。

双元制是源于德国的一种职业培训模式。所谓双元，在学习过程中要经过学校教育和企业培训两个方面教育，是一种学习和实习相结合的教育模式。学校教育和企业实习相结合是两者的深度结合，双元制教育中，学生报考时选择报名想去实习的企业和想从事的行业。选择后上课与企业实习交替进行，比如上 3 个月课程再到企业实习 3 个月，具体的交替时间根据工种和企业的不同而有变化。在学习的过程中，如果学生发现他所选择的方向自己不喜欢或者工作做的不顺手，那么可以及时地重新选择专业，这样学生可以及时调整方向，少浪费时间和精力做自己不喜欢的工作。而在学习和实习过程中学生们会学到他选择的专业方向的具体工作技能，这样在毕业的时候，学生已经具有了熟练的岗位技能，可以直接上岗进行工作，省去了正式进入企业后还需要再重新对新人进行培训的步骤，避免了学校里学习的内容与实际工作脱节的问题，而且学生在企业中实习的过程中能够受到企业价值观和企业文化的熏陶，学生在学习过程中就能潜移默化地接受德国制造精益求精的理念。同时，产与学的结合可以加深学生们对于知识的理解和掌握程度，随时学习，随时动手实践。

在德国，熟练的技师与学术型人才一样重要，而且工资也不低，在专业选择过程中大部分学生会选择职业教育的道路。所以德国有大量的熟练技术工人和工程师。而选定的企业会资助学生一部分学费，但不对学生毕业后在企业的去留做特定的要求。如果学生毕业选择了其他公司就业，那么资助和提供培训的公司也是认可的，这主要是企业实现其社会价值，对于社会教育发展的自愿贡献，这一点值得国内学习。同时，作为补偿培训学生的企业会得到政府的一些政策支持。

这种模式在德国的企业中应用很广，近几年也被我国的一些企业借鉴或采用，而我国目前推出政策大力推动普通高等学校向应用型转型发展，也是对于双元制模式培养人才的认可。

第二章　人文精神

第一节　人文素养

一、人文箴言

没有科学技术进步，人类将永远愚昧落后；没有人文素质教育，人类将坠入科技带来的黑暗及社会灭亡的深渊！

——中科院院士杨叔子

大学之所以称为大学，关键在于它的文化存在和精神存在。大学的文化是追求真理的文化，是严谨求实的文化，是追求理想和人生抱负的文化，是崇尚学术自由的文化，是提倡理论联系实际的文化，是崇尚道德的文化，是大度包容的文化，是具有强烈批判精神的文化。

——复旦大学前校长杨福家

二、案例导读

那一代写得一手好诗词的中国科学家们

2017 年 4 月 3 日，上海书店出版社副总编辑杨柏伟在朋友圈中发了一条消息，宣布该社为孔夫子旧书网特制的 90 本《理工学人的诗与世》的毛边本在"孔网"上被书友"秒杀"。书中描写一个特殊的理工教育背景的群体，他们大多留学欧美名校，归国后成为许多学科的奠基人，同时，又热衷于中国传统文化，喜欢写作旧体诗词，用这种最中国的艺术形式抒发人生感怀，记录时代风云。穿过岁月风烟，一个博通中西、文理兼擅的学人群体，空前清晰、整齐地走来。

夜　雨

夜气冥冥翳太青，清窗听雨独伤情。
梦痕带泪回童辇，歌调凝弦断玉筝。
咽到中宵应有恨，敲残旧苑已无声。
离离原上多禾麦，都为苍生望太平。

这首题为《夜雨》的七律，作者是欧阳翥，是一位著名的生物学家，研究脑神经学。他出生于一个书香门第，1929 年远赴欧洲学习，先在法国巴黎大学学习神经解剖学，后到德国柏林大学攻读动物学、神经解剖学和人类学，获哲学博士学位，期间曾担任柏林威廉皇家神经研究所研究助理。1934 年回国，任教于国立中央大学（现南京大学）生物系。欧阳翥在自己研究的生物学领域中取得了卓越的成就，在国际上享有高度的赞誉。欧阳翥更是一位拥有强烈爱国精神的科学家。20 世纪，亚洲国家普遍发展较为落后，西方生物学领域中也因此对黄种人充满了歧视，甚至到生物学领域去找证据。他们认为黄种人的大脑中有一种结构，叫做“猴沟”，跟猩猩的大脑结构更加接近，证明黄种人不如白种人进化完全。为了证明这种说法的虚妄，欧阳翥走遍了英国、法国、德国等欧洲国家，搜集证据，证明了这种“猴沟”结构是人类所共有的，不仅黄种人有，白种人的大脑也一样如此，驳斥了欧洲人歧视性的观点。

欧阳翥回国以后，在抗日战争期间曾经在重庆教书，他也是许多诗人家里的座上宾，结交的朋友也有很多文人诗人。他的许多诗篇都创作于这个时期，诗中饱含着对家国忧患的忧思，文辞之典雅优美，使得当时的很多诗界名人都为之赞叹。

金门公园远怀

海宇空濛大地秋，夕阳天外望神州。
东来诸葛无留意，西访玄奘亦壮游。
蚕为献丝甘自缚，蛾因恋火以身投。
登临渐入高寒境，万籁萧然一羽浮。

这首诗的作者是唐稚松，是中国计算机科学和软件工程研究的先驱和开拓者之一。唐稚松早年在西南联大哲学系师从哲学大师金岳霖。抗战结束后，他考入清华研究生院，专业为数学逻辑。唐稚松的学问跨越了文理的界限，在两个领域都有深入的研究。史学大师陈寅恪曾经因为唐稚松深厚的传统文化底蕴与文字功底，想聘请唐稚松为自己讲授唐诗课程的助教，唐稚松的古诗文功底可见一斑。唐稚松 20 世纪 80 年代，在中科院软件研究所任研究员，他是中国第一位 IFIP（国际信息处理协会）专家组成员，也是中科院院士。这首《金门公园远怀》，创作于唐稚松访问美国期间，字里行间抒发了对祖国的思念。在众多科学成果之外，唐稚松还给世人留下了一部诗集——《桃蹊诗存》，每一首都留下了唐稚松对祖国、对人生浓浓的爱。

“我的老师冯·卡门听说我懂得绘画、音乐、摄影这些方面的学问，还被美国艺术和科学学会吸收为会员，他很高兴。我父亲钱均夫很懂得现代教育，他一方面让我学理工，走技术强国的路；另一方面又送我去学音乐、绘画等艺术课。艺术上的修养不仅加深了我对艺术作品中那些诗情画意和人生哲理的深刻理解，也学会了艺术上大跨度的宏观形象思维。我认为，这些东西对启迪一个人在科学上的创新是很重要的。科学上的创新光靠严密的逻辑思维不行，创新的思想往往开始于形象思维，从大跨度的联想中得到启迪，然后再用严密的逻辑加以验证。”

——钱学森谈话整理稿

钱学森，是中国科技史上的一位伟人，是世界著名科学家，空气动力学家，中国载人航天奠基人，中国科学院及中国工程院院士，中国两弹一星功勋奖章获得者，被誉为“中国航天之父”“中国导弹之父”“中国自动化控制之父”“火箭之王”。钱学森是吴越王钱镠第 33 世孙，可谓从出身上就与中国悠久的传统文化就有着不解之缘。钱学森院士令人肃然起敬的不止是他了不起的科学贡献，更重要的是他伟大的人格魅力，高尚的爱国思想。他放弃国外优厚待遇，冲破重重阻挠，服务于贫穷积弱、满目疮痍的祖国，由于钱学森回国效力，我国导弹、原子弹的发射向前推进了至少20年。

作为一个科学家，钱学森院士一生的抉择，与他骨子里的人文精神有着直接的关系。科学与人文，融合在他的身上。在钱学森主编的《关于思维科学》一书中，他在论及形象思维的时候说过这样的话："科学技术人员，一般不提什么形象思维或直感思维，只有少数有成就的科学家在谈到科学方法时讲过这个题目。"这正是他高出一般科学家的地方。

三、知识点链接

（一）人文素养

1. 人文

《周易·系辞》讲"物相杂，故曰文。"原因是：《易经》作者发现了天地人三才之道可以会通，人们可以向天道、地道学习，以法天正己，遵时守位，知常明变，居安思危，趋利避害，开物成务，建功立业，改变命运的奥秘。倡导人们在尊重宇宙乾坤秩序的前提下，实践人道与天道、地道相"杂"。"人文"一词最早出现在《周易》"贲"卦（六十四卦之一），"刚柔交错，天文也；文明以止，人文也。观乎天文，以察时变；观乎人文，以化成天下。"在此"人文"是与"天文"相对而言的，指的是人类社会的通行法则。中国《辞海》对"人文"一词的解释为"人类社会的各种文化现象"。

人文是一个动态概念，我们现在所说的人文，或人文精神，或人文思想，重视人文教育，是指人类文化中先进的、科学的、优秀的和健康的部分，而且其核心是先进的价值观，其主要内容是先进的规范。对于社会而言，尤其是先进的法律和制度规范；对于社会成员而言，尤其是先进的道德和习惯规范；对于学生而言，是养成良好的习惯规范。从文艺复兴的历史看，其集中体现是：重视人，尊重人，关心人，爱护人。简而言之，人文，即重视人的文化。我们知道，文化是一个国家、一个民族或一群人共同具有的符号、价值观及其规范，以及它们的物质形式。符号是文化的基础，价值观是文化的核心，而规范包括习惯规范、道德规范和制度规范，是文化的重要内容。人文包括文化、艺术、美学、教育、哲学、国学、历史、法律（俗称规矩）的内容。

2. 人文素养的概念

"素养"，一般是指人们后天形成的知识、能力、习惯、思想修养的总和。所谓"人文素养"，就是人文科学的研究能力、知识水平和人文科学体现出来的以人为对象、以人为中心的精神——人的内在品质。人文素养是建立在对一定人文知识拥有和内化的基础上形成一定的学识和修养，反映一个人的人格、气质、情感、世界观、人生观、价值观等方面的个性品质。它是一个人外在精神风貌和内在精神气质的综合表现，也是一个现代人文明程度的综合体现。人文素养的内涵包括人文知识、人文精神、人文行为三个方面。其内容包括哲学素养、文学素养、史学素养、艺术素养等方面。

现代的“人文主义”，在很大程度上是作为“科学主义”、“金钱拜物教”的对立面而出现的。它相对于“科学主义”，强调的是关注人的生命、价值和意义的人本主义；相对于“工具理性”或“技术理性”，强调的是价值理性和目的理性；相对于实用主义，强调的是注重精神追求的理想主义或浪漫主义。“科学”“实用”与“人文”“理想”是人类生存和发展不可或缺的两个价值向度。

3. 人文素养的内容

人文素养包括四个方面的内容。

(1) 具备人文知识。人文知识是人类关于人文领域（主要是精神生活领域）的基本知识，如历史知识、文学知识、政治知识、法律知识、艺术知识、哲学知识、宗教知识、道德知识、语言知识等。

(2) 理解人文思想。人文思想是支撑人文知识的基本理论及其内在逻辑。同科学思想相比，人文思想具有很强的民族色彩、个性色彩和鲜明的意识形态特征。人文思想的核心是基本的文化理念。

(3) 掌握人文方法。人文方法是人文思想中所蕴涵的认识方法和实践方法。人文方法表明了人文思想是如何产生和形成的。学会用人文的方法思考和解决问题，是人文素养的一个重要方面。与科学方法强调精确性和普遍适用性不同，人文方法重在定性，强调体验，且与特定的文化相联系。

(4) 遵循人文精神。人文精神是人文思想、人文方法产生的世界观、价值观基础，是最基本、最重要的人文思想、人文方法。人文精神是人类文化或文明的真谛所在，民族精神、时代精神从根本上说都是人文精神的具体表现。

在人文素养四个方面中，人文精神是核心。人文精神主要表现在：在处理人与自然、人与社会、人与文化的关系时，突出人是主体的原则；在认识和实践活动中，以人各种需要的满足为最终诉求，强调人是目的的原则；在人与物的比较中，突出人高于物、贵于物的特殊地位，强调精神重于物质，人的价值重于物的价值，生命价值优先的人道主义原则和人本主义原则；在人与人的关系中，强调相互尊重对方的人格尊严，突出人人平等的原则。人文素养的形成主要有赖于后天的人文教育。

（二）大学生人文素养的培养

1. 大学生人文素养缺失的现状

(1) 人文知识匮乏。由于过重地强调专业技术的实用性和功利性，部分大学生忽视人文课程的学习，导致人文科学知识的匮乏。许多学生对文史哲的基础知识知之甚少，表达能力较差，艺术品位较低，尤其是对我国优秀的传统文化知之不多。

(2) 人文精神偏颇。人文精神作为道德观念、价值取向的潜动力，对大学生的发展和成才具有导向和促进作用。当代大学生所表现出的整体精神状态是积极向上的：注重自我价值发展，思想开放，勇于开拓，勇于竞争，能够自觉地培养和发展健康的人格。但部分大学生在市场经济和信息全球化浪潮所带来的负面影响下，面对多元化的世界缺乏价值判断和选择能力，表现出人文精神及人格的偏颇。是非界限模糊、道德观念淡薄、自律意识弱化、诚信品质欠缺的问题，在一些大学生身上不同程度地存在。甚至还有学生缺乏对世界观和人生观的认识，对国家和人民缺少深厚感情。其价值观明显趋于功利化，只讲利益，不讲德行。

（3）文明素养缺失。目前，一些大学生文明素养极差，不懂得做人做事道理，不讲文明、礼貌，甚至有些连最基本的问候都不会，素质极其低劣，公众意识差，社会道德水准和公众意识差，没有公德意识，如随处乱丢垃圾，公共场所大声喧哗吵闹、男女同学交往过密举止失态等。

（4）心理承受能力不强。很多大学生对未来充满不自信和迷茫，还有一部分对未来充满了悲观和失望情绪。对社会问题和个人问题的理解能力、感悟能力较弱，遇到挫折就退后，不能有效地正确地排解和调适自己的心理障碍。

（5）创新意识较弱。部分大学生思想和创造意识受到禁锢和闭锁，只是满足于书本的知识，局限于象牙塔之内，缺少创新意识和实践能力，有的大学生已习惯于有例可寻，不善于独立思考，参与社会实践的意识淡薄。

2. 当代大学生人文素养缺失的原因

（1）社会环境的急功近利。改革开放在推进我国经济快速发展的同时，也使得西方文化进入中国，文化呈现出多元态势，各种文化互相交织，让一些年轻人对文化的选择无所适从。社会自身的物质化倾向，导致人们将物质追求放在了第一位，社会文化领域出现病态。随着电脑、网络、手机等现代媒体的不断发展和微信、微博等的流行，青年大学生的阅读习惯发生了重大变化，使当代青年大学生很少花时间去系统学习人文知识。社会的急功近利一定程度上对大学生的“学习观”产生了负面影响，大学生重点选择实用性强、好就业的热门学科和专业，并将学习兴趣和精力集中放在这些学科专业上，很少对基础人文学科尤其是文学、历史、美学和哲学感兴趣。在知识层面上，主要表现为人文知识面偏窄，知识结构不合理。在能力层面上，有些大学生口头和文字表达能力、动手能力、心理承受能力、人际关系协调能力等较差，在综合素质上不太适应实际工作的需要和要求。在修养层面上，由于人文素质不高，有些大学生抵御各种错误思想文化的渗透和侵蚀的能力较差。高考“一考定终身”的社会现实让家长变得急功近利，他们注重的主要是孩子的学业和考试成绩，希望孩子只接触、阅读和学习与考试相关的知识，限制他们参加与学习考试无关的活动，不重视对孩子进行素养教育。

（2）高等教育自身的不足。高等教育的目标是培养全面发展的人，为此，大学生既要掌握一定的自然科学知识，又应该具有较高的人文素养。工业革命以来，科学技术的不断发展给人类社会创造出巨大的物质财富，也造成了科学精神与人文精神一定程度上的割裂。近代文明、西方文明挑战中华文明之后，我们传统的东西被侵犯了，人文素养在中华人民共和国成立后出生的几代人心中被淡化、弱化，以致近年来人文素养的缺失导致人心虚空、做人不实，社会问题成为“中国梦”的严重掣肘。与此同时，经济的高速发展冲淡了大学的学术氛围，专业的举办和课程的设置多是以社会需要和促进就业为目标导向，学校对人文课程本身的授课目标缺乏准确定位，加之高校人才培养目标和人才培养方案在一定程度上出现了偏差，导致很难实现人文素养教育的本真目标，学生人文精神匮乏。

3. 如何提升大学生人文素养

（1）加强人文教育的课堂主渠道。大学生要成为一名合格的科技人才，除了专业知识外，人文教育所涵盖的文、史、哲、经济、法律、政治等学科领域的知识也必不可少。

（2）开展丰富多彩的活动。通过课堂教学并不意味着大学生人文教育取得了成功，更深层次的目标是要使他们对真理的追求和价值的追求趋于统一，使高校培养的科技人才能够在进行科技实践的同时将科学的严谨与人文的关怀切实联系起来，造福人类。

（3）挖掘校园文化的育人功能，强化对学生的人文素质教育。大学进行校园文化建设时，要充分考虑人文教育的重要性，真正体现以人为本的理念；要统一规划、突出重点、把握校园文化主流，并不断提高校园文化的品位和档次，努力建设健康向上、生动活泼的校园文化。尤其要注重开展深受到广大学生喜爱的校园文化活动，并不断挖掘其强大的育人功能。

（4）注重校园环境建设，营造浓郁的校园人文文化氛围。学生的人文素养，在很大程度上要靠后天养成。实践证明，承载大学人文精神的不只是大学中分门别类的专业教学，在办学中形成的校园环境作为科学教育与人文教育的文化背景，对大学生起着潜移默化的作用。

（5）学生自身注意提高人文素养。确立做人的基本品德，遵循社会最基本的道德规范，能够应对环境的问题，注意涵养功夫和仪表风度，将人文素养落实到对于生命的意义和人生价值的认识中。只有这样，我们才能确定我们的安身立命之地。我们一切的心性的修养，我们对人的主体性、人的能动性的认识和把握，体会人类的伟大和渺小，体会人生的短暂和永恒，这些都是人文素养最后的落脚点。

四、案例讨论

缺乏文化常识不懂传统文化，大学生成“传统文盲”

表现一：不知李白是什么人

“我要考公务员，可是行政能力测试中的传统文化知识内容太难了，比如‘李白是哪个朝代的、他的诗除了床前明月光还有什么、他除了写诗还干什么’这类问题，我应该怎样才能知道所有要考的传统文化知识?”面对学生这样的困惑，某高校大学语文课程教师显得十分无奈：“学生到了考试要用的时候才知道自己传统文化知识竟然如此贫乏，其实这都是他们早就应该掌握的最基本的常识。”

面临这一窘境的大学生自己也觉得十分委屈，他们往往把这些传统文化知识的缺乏归结于中学语文课已经成为过去式。而他们中学的时候，因为应试的要求，他们往往把更多的精力放在了英语数学物理化学等花了时间做题就能看到分数提升效果的科目上，语文科目的学习，多数也就是机械地背诵课本上那些知识，很少有时间看课外书，至于传统文化，更加没有概念。上了大学，专业课占据了学生的绝大多数课堂时间，电脑、网络、游戏、兼职、谈恋爱等又是学生课外生活的主题，如果不是公务员考试之类的事件出现在眼前，传统文化真的很难进入学生们的视野。

表现二：提笔忘字不会写作

“我现在经常提笔忘字，忘记字怎么写的时候，就特别想打开电脑或手机用拼音输入一下。要是需要写文章，比如自己专业的论文，哲学课的小报告，有事情写给老师的请示，乃至毕业学位论文，和找工作时的求职简历，第一想法一定是去网上搜索范文作为模板，然后按照模板套内容，就完成了。”还有大学生说，自从上了大学后，除了考试，大家真正用笔“写字”的机会就少了，电子版替代了书写版，真需要写字时特别容易出现提笔忘字的情况。这种现象使我们不得不正面大学生文字功底的薄弱，部分大学生甚至连写作的门都还没入。

表现三：没有规矩不懂礼貌

“都半夜十二点了，我手机响了，一看是一名学生发的短信，并不是什么着急的事情，而我就再也睡不着了。我想了一宿也没想明白，现在的大学生怎么都这么不懂事呢?”一位大学辅导员老师对记者诉说了自己的烦恼。她说，自己周围的好多同事也遇到过这样的问题，还有的同学不来上课不知道请假，在外面见到老师假装不认识，去老师办公室使劲敲门……他们连小孩子都知道的起码的文明礼貌都不懂，凡事以自己为中心，老师们不禁替他们担心，他们将来到社会上怎么跟别人交往。

观点：功利心催生“传统文化盲”

某网站针对大学生进行了传统文化调查，有 81.3% 的学生说不出唐诗宋词元曲的代表性例子，有 23% 的学生答不出或答不全我国古代的四大发明，68.7% 的学生说不清中国历史发展中到底经历了哪些朝代，21.16% 的文科生认为自己所学的专业没有前途。在大学生的课余学习中，文科学生不钟情于“文”，而大多数理科生对于人文知识更是“敬而远之”，甚至是极力避免。造成目前部分大学生基本文化常识、文字功底和文明礼貌欠缺的原因是多方面的，与功利化的社会大环境也有关系。由于就业压力，许多大学生没有时间或者没有精力去研究不能直接用于就业的“国学”，而更热衷于去考一些技能证书，这也造成他们基本文明素养的缺乏。

问题讨论

1. 什么是人文素养?

____

____

____

____

____

____

____

2. 大学生人文素养的内涵及意义？

3. 大学生如何提升人文素养？

五、拓展提升

中国学生发展核心素养

2016 年 9 月，教育部审定发布了《中国学生发展核心素养》征求意见稿，根本出发点是全面贯彻党的教育方针，践行社会主义核心价值观，落实立德树人根本任务，突出强调社会责任感、创新精神和实践能力，促进学生全面发展，使之成为中国特色社会主义合格建设者和可靠接班人。

学生发展核心素养，是指学生应具备的、能够适应终身发展和社会发展需要的必备品格和关键能力，综合表现为 9 大素养，具体为社会责任、国家认同、国际理解；人文底蕴、科学精神、审美情趣；身心健康、学会学习、实践创新。

一、社会责任。主要是个体处理与他人（家庭）、集体、社会、自然关系等方面的情感态度和行为表现。

1. 诚信友善。重点是自尊自律，诚实守信；文明礼貌，宽和待人；孝亲敬长，有感恩之心；热心公益和志愿服务等。

2. 合作担当。重点是积极参与社会活动，具有团队合作精神；对自我和他人负责；履行公民义务，行使公民权利，维护社会公正等。

3. 法治信仰。重点是尊崇法治，敬畏法律；明辨是非，具有规则与法治意识；依法律己、依法行事、依法维权；崇尚自由平等，坚持公平正义等。

4. 生态意识。重点是热爱并尊重自然，与自然和谐相处；保护环境，节约资源，具有绿色生活方式；具有可持续发展理念和行动等。

二、国家认同。主要表现为个体对国家政治制度、核心价值理念、民族文化传统等方面的理解、认同和遵从。

5. 国家意识。重点是了解国情历史，维护民族团结、社会稳定和国家统一；热爱祖国，认同国民身份，对祖国有强烈的归属感；自觉捍卫国家尊严和利益等。

6. 政治认同。重点是热爱中国共产党；理解、接受并自觉践行社会主义核心价值观；具有中国特色社会主义共同理想，有为实现中华民族伟大复兴中国梦而不懈奋斗的信念和行动等。

7. 文化自信。重点是了解中华文明形成的历史进程；承认和尊重中华民族的优秀文明成果；理解、欣赏、弘扬中华优秀传统文化和社会主义先进文化等。

三、国际理解。主要表现为个体对国际动态、多元文化、人类共同命运等方面的认知和关切。

8. 全球视野。重点是具有开放的心态；了解人类文明进程和世界发展动态；关注人类面临的全球性挑战，理解人类命运共同体的内涵与价值等。

9. 尊重差异。重点是了解世界不同文化；理解、尊重和包容文化的多样性和差异性；积极参与多元文化交流等。

四、人文底蕴。主要是个体在学习、理解、运用人文领域知识和技能等方面表现的情感态度和价值取向。

10. 人文积淀。重点是积累古今中外人文领域基本知识和成果；掌握人文思想中所蕴含的认识方法和实践方法等。

11. 人文情怀。重点是以人为本，尊重、维护人的尊严和价值；关切人的生存、发展和幸福等。

五、科学精神。主要是个体在学习、理解、运用科学知识和技能等方面表现的价值标准、思维方式和行为规范。

12. 崇尚真知。重点是学习科学技术知识和成果；掌握基本的科学方法；有真理面前人人平等的意识等。

13. 理性思维。重点是尊重事实和证据，有实证意识和严谨的求知态度；理性务实，逻辑清晰，能运用科学的思维方式认识事物、解决问题、规范行为等。

14. 勇于探究。重点是有百折不挠的探索精神；能够提出问题、形成假设，并通过科学方法检验求证、得出结论等。

六、审美情趣。主要是个体在艺术领域学习、体验、表达等方面的综合表现。

15. 感悟鉴赏。重点是学习艺术知识、技能与方法；具有发现、感知、欣赏、评价美的意识和基本能力；具有健康的审美价值取向；懂得珍惜美好事物等。

16. 创意表达。重点是具有艺术表达和创意表现的兴趣和意识；具有生成和创造美的能力；能在生活中拓展和升华美，提升生活品质等。

七、学会学习。主要表现为个体在学习态度、方式、方法、进程等方面的选择、评估与调控。

17. 乐学善学。重点是有积极的学习态度和浓厚的学习兴趣；有良好的学习习惯；能自主学习，注重合作；具有终身学习的意识等。

18. 勤于反思。重点是对自己的学习状态有清楚的了解；能够根据不同情境和自身实际，选择合理有效的学习策略和方法等。

19. 数字学习。重点是具有信息意识；有数字化生存能力；主动适应“互联网+”等社会信息化趋势等。

八、身心健康。主要是个体在认识自我、发展身心、规划人生等方面的积极表现。

20. 珍爱生命。重点是理解生命意义和人生价值；具有安全意识与自我保护能力；掌握适合自身的运动方法和技能，养成健康的行为习惯和生活方式等。

21. 健全人格。重点是能调节和管理自己的情绪；有积极的心理品质，自信自爱，坚韧乐观；积极交往，有效互动，建立和维持良好的人际关系等。

22. 适性发展。重点是能正确判断与评估自我；依据自身个性和潜质选择适合的发展方向；有计划、高效地分配和使用时间与精力；具有达成目标的持续行动力等。

九、实践创新。主要是学生在勤于实践、敢于创新方面的具体表现。

23. 热爱劳动。重点是具有积极的劳动态度；广泛参加各种形式的家务劳动、生产劳动、公益活动和社会实践；具有动手操作能力等。

24. 批判质疑。重点是具有好奇心和想象力，敢于质疑；善于提出新观点、新方法、新设想，并进行理性分析，做出独立判断等。

25. 问题解决。重点是善于发现和提出问题；有解决问题的兴趣和热情；能依据特定情境和具体条件，选择制定合理解决方案；具有创客意识，能将创新理念生活化、实践化等。

第二节 人文传统

一、人文箴言

为天地立心，为生民立命，为往圣继绝学，为万世开太平。

——张载

人类要生存下去，就必须回到二十五个世纪以前，去汲取孔子的智慧。

——诺贝尔奖获得者阿尔文

二、案例导读

融合儒释道的“达观者”——苏轼

北宋建中靖国元年正月，苏轼病逝前两个月，遇赦北返的苏轼游览金山寺。寺里，那幅李公麟所画的东坡画像还在——那是寺里的住持冒着极大的生命危险保存下来的，苏轼看着自己的这幅画像，心里百感交集，写下了《自题金山画像》，对他的后半生作一总结。

自题金山画像

心似已灰之木，身如不系之舟。

问汝平生功业，黄州惠州儋州。

苏轼（1037 年 1 月——1101 年 8 月），字子瞻，号东坡居士，世称苏东坡、苏仙。北宋著名文学家、书法家、画家，“唐宋八大家”之一，是中国古代历史上少有的全才式人物。但他一生仕途不顺，有人概括苏轼一生经历了“三次在朝，十二次外任，八方太守，三次贬居”这样一个“在朝——外任——贬居”的过程。

公元 1079 年（神宗元丰二年）的 7 月 28 日，苏轼黑暗的日子开始了。持续四十多天的拷打、逼供，最终造成了这场著名的“乌台诗案”，苏轼被贬谪黄州。“乌台诗案”从身体和精神上都给苏轼造成了沉重的打击，但是这并没有使苏轼谨言慎行，他的豪情依旧不减。苏轼在黄州获得了一块贫瘠的土地，一家人过起了躬耕的生活。躬耕对一般人来说也许没什么，但对一个封建士大夫来说就是一种耻辱了，但苏轼却在躬耕中既得以糊口，又找出了快乐：“种稻清明前，乐事我能数”，“刮毛龟背上，何时得成毡”（《东坡八首》）。苏轼又根据白居易《步东坡》一诗将那块土地起名为“东坡”，自号“东坡居士”，还自制了美食——“东坡肉”。最能体现他旷达和平静心态的是另外一首词《定风波》：“莫听穿林打叶声，何妨吟啸且徐行。竹杖芒鞋轻胜马，谁怕？一蓑烟雨任平生。料峭春风吹酒醒，微冷。山头斜照却相迎。回首向来萧瑟处，归去，也无风雨也无晴。”其实，苏轼的这种壮志豪情一直是有儒家积极入世的理念支撑着的，“一蓑烟雨任平生”，如此的宠辱不惊，去留无意，谁能做到？“也无风雨也无晴”，如此的举重若轻，大无大有，哪个能行？

苏轼在黄州安置后，几经升迁，在 1086 年（哲宗元祐元年）又被召回朝廷，任中书舍人、翰林学士兼侍读，可谓权重一时。可是新党再起，章惇一伙人对“元祐党人”进行疯狂地报复、迫害。苏轼又首当其冲，在被迫害之列，被贬为宁远军节度副使，惠州安置。惠州即今岭南广东，当时是比较落后的，人们称之为蛮瘴之地，气候炎热，疾病较多，总体生活水平比较低下。集市上每天只杀一只羊，除了卖给官府和有钱人家之外，普通人家是很难买到的。而苏东坡又喜欢肉食，但又不敢和当官的争，故只能和屠夫商量，请屠夫把官宦人家不要的羊脊骨卖给他。苏东坡不愧是一个美食家，他买回去之后，先把它煮熟，然后涂些酒和薄盐，再放到火炉中烤一烤，羊脊骨竟然酥香无比，而苏东坡也吃得津津有味，说是“如食蟹螯，率数日辄一食，甚觉有补”，并写信告诉弟弟苏辙，弄得苏辙也哭笑不得。苏轼以六十岁老迈之身，流放岭南，由于有过黄州的经验，他的思想也更趋于成熟，他时时地用佛老的思想看待这一切，形成苏东坡式的顿悟和解脱。随遇而安，成为东坡晚年贬谪生活的一大特色，他与当地百姓情深意笃，这与他的哲学思想基础“民本”思想有关。惠州之后，苏轼由官为民，他也在民众的生活、特殊的风俗中得到了乐趣。他曾写的“日啖荔枝三百颗，不辞长做岭南人”（《食荔枝二首》）便可证明。

苏轼顽强的生命力和乐观的精神实在太出乎世人的预料了，他作诗云：“白头萧散满霜风，小阁藤床寄病容。报道先生春睡美，道人轻打五更钟。”（《纵笔》）政敌章惇读到此诗，颇感不悦，说“苏子瞻尚如此快活耳！”于是有了再贬海南儋州的命令。这次被贬的以苏轼为首的“元祐党人”，都被贬到了最险恶的偏远之地。当时苏轼认为“垂老投荒，无复生还之望”，做好了死在海南的心理准备。“今到海南，首当作棺，次便作墓”。可老百姓却关爱苏轼，为他搭建了三间茅屋栖身，尽管凄凉，东坡不改乐天派本色，他还为茅屋取了个文雅的名字“桄榔庵”，竟有兴致写下了《桄榔庵铭》。面对如此绝境，苏轼没有绝望，他还写道：“我本海南民，寄生西蜀州，忽然跨海去，譬如事远游”。他认为故乡在自己心里，只要心有所安，无处不可作故乡。他说“海南万里真我乡”，要是没有道家随遇而安的旷达心境，生活上会很不适应。苏轼到此时亦不忘百姓，他大力倡导读书，经过他的努力，好读之风渐渐地兴起。苏轼说：“跫然已可喜，况闻弦诵音”，即时不时可以听到书声琅琅，弦歌四起，从此海南才有了考中进士的历史，有诗赞道：“谪居儋耳有三秋，轶事繁多史籍留。劝导庶民兴学馆，写成经义教名流。”苏轼劝农，劝黎族百姓重视发展农业生产，可以说苦口婆心。苏轼作为一个异地的汉族贬官对黎族同胞的赤诚之情跃然纸上。《儋州县志》这样记载：“北宋苏文忠公来琼，居儋四年，以诗书礼教转化其风俗，变化其人心。”苏轼住在儋州，其生计之艰难，真是难以想象。他在《闻子由瘦》一诗中，先述“五日一见花猪肉，十日一遇黄鸡粥”，再言“土人顿顿食薯芋，荐以熏鼠烧蝙蝠”，意思是说自己比起当地居民来，还算好的了。然而入乡随俗，“旧闻蜜唧尝呕吐，稍近虾蟆缘习俗。”蜜唧是当地人食用的小老鼠，苏轼后来居然也吃习惯了。

苏东坡的可贵之处，正是他那种疾恶如仇、不平则鸣，或托事以讽的性格，这种习气到老也未曾改变。他学养深厚，才能杰出，文、诗、词无一体不精，书、画、琴无一艺不能；在学术思想上闳通阔达，儒、佛、道兼习，对百家杂说也旁采博收。苏东坡在海南文化、医药、生产发展史上留下了不可磨灭的功绩，受到海南人民世世代代的敬仰与怀念。在艰苦的环境里，东坡的笔并没有停留，他以超然的心态，以著书为乐，在儋州创作了诗词140余首，散文等100余篇，书信40余篇。《书传》一部，并对《易传》和《论语》进行修订。他用枯萎的生命书写出了人生与文学的辉煌。苏轼有一颗非同寻常的平常心，他可以不因宦海经历而自暴自弃，不因生活颠簸就怨天尤人。无论生活怎样令他失望，他从未放弃对生活的热爱和向往。人生得意时他可以筑一道苏堤，创一代画风；人生失意时，他可以垄田耕地，写下“大江东去，浪淘尽，千古风流人物”的千古佳句。没有人能比得上他的这种旷达豪放了，自古而今，从来未有！

三、知识点链接

（一）人文传统的内涵

传统文化中的人文精神主要体现在人文传统中。传统文化是文明演化而汇集成的一种反映民族特质和风貌的民化，是民族历史上各种思想文化、观念形态的总体表征，包括一个国家或民族的历史、地理、风土人情、传统习俗、生活方式、文学艺术、行为规范、思维方式、价值观念等。世界各地，各民族都有自己的传统文化。而人文精神是一种普遍的人类自我关怀，表现为对人的尊严、价值、命运的维护、追求和关切，以及对人类遗留下来的各种精神文化现象表现出的高度珍视，也是一种全面发展的理想人格的肯定和塑造。人文精神不仅是精神文明的主要内容，而且影响到物质文明建设。它是构成一个民族、一个地区文化个性的核心内容；是衡量一个民族、一个地区的文明程度的重要尺度。一个国家、一个民族世代传承的人文精神中，就折射着传统文化的全部内容。

（二）西方的人文传统

公元前1世纪，罗马帝国攻陷古希腊后，吸收了古希腊的科学、哲学、民主、建筑、文学以及艺术，并在此基础上作进一步的发展。在接下来的500年中，尽管罗马帝国拒绝古代雅典很前卫的民主理念，但却将希腊语、拉丁语随着罗马法传遍了欧洲。罗马文化融合了日耳曼、斯拉夫以及凯尔特文化，但随着罗马的衰落，希腊与罗马的许多艺术、文学以及科学都消失或被取代了。随着罗马基督教地位的提高，圣经成为西方文艺中的核心部分，几乎影响到了西方文化的所有领域，包括艺术、法律、哲学、教育以及政治。罗马基督教成立了许多神学院，现在的许多大学、学院即起源于此，总体而言这些学院促进了早期西方文化的传播。阿拉伯文化保存了一些古希腊和古罗马的知识，随着十字军东征，西班牙、黎凡特的摩尔人所具有的阿拉伯文化，对西欧产生影响，终于在14世纪，希腊的文化遗产重又被西欧发现，于是文艺复兴诞生了。16世纪之后，文艺复兴的西方文化被探险者、殖民者、商人以及传教士传播到新大陆。随后的启蒙时代，在美国革命、法国大革命时达到顶峰。一些理念，比如民权、法律面前人人平等、司法公正以及民主，这些社会构成的理想第一次被付诸实践。如今这些准则已经成为现代西方文化的基石。19世纪，美国开始发展自成一体的西方文化，20世纪50年代后，占据了主导地位，连同美国时尚、娱乐、技术以及政治，流行于其他西方世界，对其社会文化的各个方面造成了巨大的影响。

经过这样的发展之路之后，西方的人文传统体现出重思辨，尚超越，学以致知的特点。其精神是“超越的浪漫精神”，其基本特点是以彼岸性的神人关系为目的，通过超越性的宗教意识来实现文化和社会的自我否定。西方人非常注重个人隐私，讲究个人空间，不愿意向别人过多提及自己的事情，更不愿意让别人加以干预。在美国，个人主义形象在社会的各种生活中表现得非常强烈鲜明。

（三）中国的人文传统

中华民族历史源远流长，传统文化博大精深，它让国人引以为豪，是中华民族的重要凝聚力。2014 年 9 月 24 日，习近平主席在参加纪念孔子诞辰 2565 周年国际学术研讨会时指出："中国优秀传统文化的丰富哲学思想、人文精神、教化思想、道德理念等，可以为人们认识和改造世界提供有益启迪，可以为治国理政提供有益启示，也可以为道德建设提供有益启发。"随后，他一口气列举了 15 种优秀古代思想：道法自然（道家）、天人合一（道家），天下为公（儒家）、大同世界（释家），自强不息（儒家）、厚德载物（道家），以民为本（儒家）、安民富民乐民，为政以德（儒家）、政者正也（儒家），苟日新日日新又日新、革故鼎新、与时俱进，脚踏实地、实事求是，经世致用（儒家）、知行合一、躬行实践，集思广益、博施众利、群策群力，仁者爱人（儒家）、以德立人，以诚待人、讲信修睦，清廉从政、勤勉奉公，俭约自守、力戒奢华，中和、泰和、求同存异、和而不同（道家）、和谐相处，安不忘危、存不忘亡、治不忘乱、居安思危等。习近平还强调："优秀传统文化体现着中华民族的世界观、人生观、价值观、审美观等。"由此可见，中华传统文化培育中华民族精神，铸就中国人的民族性格。

中国的传统文化以儒道互补为内核，还有墨家、名家、释教类、回教类、西学格致类、近代西方文化等文化形态。其中儒释道三家思想是历史悠久的、最具有民族特色的，并对中华民族世世代代影响最为深远的中国传统文化。三家思想互补，使中国的人文传统更加丰富多彩、高深莫测，我们要积极汲取其中的精华和养分，古为今用。

儒释道都重视个人的人生修养，重视理想人格的实现，以不同的方式表现了对人的价值的关切。儒家以积极的入世精神，提倡在现实世界中成就最高的道德境界，实现人生的价值。道家则重视人作为个体的存在价值，主张因顺自然，在人与道的合一中发掘人生命价值。佛家则关心人的生老病死，关心愿望与现实之间永远无法消除的反差所带来的痛苦，在克制欲望、追求涅槃境界的过程中体现今生的价值。

1. 儒家思想

儒家思想，是先秦诸子百家学说之一。儒家思想也称为儒教或儒学，由孔子创立，以孔孟学说为代表，后来历经各代逐渐形成完整的儒家思想体系，成为中国传统文化的主流，影响深远。它是中国影响最大的流派，也是中国古代的主流意识。《论语》和《孟子》集中了儒家的思想。儒家偏重于对人与人之间关系（即人伦）的研究，强调人与人的和谐，引导人们处理好人与人的关系，如调整夫妇、父子、兄弟、君臣、朋友五伦关系的仁、义、礼、智、信的"五常"和孝、悌、忠、行、礼、义、廉、耻的"八德"的行为准则，以及格物、致知、诚意、正心、修身、齐家、治国、平天下等学说。儒家注重人格的修养，讲究"中庸之道"，儒家偏于入世，周易文化中的哲学范畴也是儒家的文化精髓，"顺乎天而应乎人"以及儒家的"仁、义、礼、智、信"，儒家的出发点和落脚点都在一个"人"字上，儒学就是人学，是偏于人社会属性的人生哲学，"内圣外王"是儒家的最高境界。孔子的思想"代表一个理性的社会秩序"。儒家思想仍不失为颠扑不破的真理，儒家思想在中国人的生活上仍然是一股活的力量，还会影响我们民族的立身处世之道。儒家思想特别重视知识与教育，儒家思想影响下的中国人拥有举世罕有的勤奋。

2. 道家思想

春秋时期，老子集古圣先贤之大智慧，总结了古老的道家思想的精华，形成了道家完整系统的理论，标志着道家思想已经正式成型。道家以老庄为代表，在中国境内广泛传播，影响巨大。道家偏重于对人与自然之间的关系（即人天）的研究，提出“天人合一”等思想，强调人与自然的和谐，主张道法自然，无为而大为。道家是以无为之法而开启智慧之门，无为无所不为。老子的《道德经》和《庄子》可以说是高度的智慧，其可贵之处是无为之法。世人只知有为之法，不知无为之法，《道德经》一书，以无为法，无所不为的思想，引人入无为之道，从此而开启智慧的大门。道家对中华哲学、文学、科技、艺术、音乐、养生、宗教等等影响深远。道家以“道”为核心，认为大道无为、主张道法自然，提出道生法、以雌守雄、刚柔并济等政治、经济、治国、军事策略，具有朴素的辩证法思想，是“诸子百家”中一门极为重要的哲学流派，存在于中华各文化领域，对中国乃至世界的文化都产生了巨大的影响。大量的中外学者开始注意并吸取道家的积极思想，故学者说：“道家思想可以看作中华民族伟大的产物，是国民思想的中心，大有‘仁者见之谓之仁，知者见之谓之知，百姓日用而不知’的气概。”

3. 释（佛）家思想

公历纪元前后，佛教开始由印度传入中国，经长期传播发展，形成具有中华民族特色的中国佛教。佛家偏重对生命的根本——心性的研究，从内心与外境的关系入手，强调内心与外境的和谐，引导人们从内心的改变开始，最终达到对烦恼生死的彻底解脱。“佛”字是从印度梵文音译而来，意为“大彻大悟的人”。佛教宣扬众生平等，认为人类受苦的根源在于人的欲望，只有刻苦修行，消灭欲望，才能达到“极乐世界”。佛家以三藏十二部典籍、八万四千法门、禅净密三宗，教导九法界众生，诸恶莫作、众善奉行，放下妄想、分别执着，勤修戒定慧、远离贪嗔痴。佛家思想，强调自身修养，讲的是超世，佛教是教育，是教人要深信因果，佛家彻悟诸法本缘，以慈悲救度一切六道众生为已任。要得正知正见，超脱轮回，度己度人，成就佛果。

儒、道、佛三家经过约2000年的互动，相互融合，相得益彰，各以其自身的文化特质发挥着各自的优势，相互补充，相互依存，成为培育中华民族精神不可缺少的文化资源。

（四）以中国人文传统培育当代大学生的人文精神

南怀瑾在《论语别裁》中曾说，儒家的孔孟思想则是粮食店，是天天要吃的。道家则像药店，不生病可以不去，生了病则非去不可。佛学像百货店，里面百货杂陈，样样俱全，有钱有时间，就可去逛逛。逛了买东西也可，不买东西也可，根本不去逛也可以，但是社会需要它。南怀瑾先生的比喻风趣而贴切，其实随着儒、释、道的发展，它们早已融入进了我们中国人的文化生活中，对培育当代大学生的人文精神也有着重要意义。

1. 强调整体意识，弘扬爱国精神

中国传统文化中蕴含着整体主义精神：“修身、齐家、治国、平天下”是维护国家社会整体、维护家庭整体。从孔子提出的“天下为公”，到贾谊在《治安策》中的“国而忘家，公而忘私”的观念，乃至孙中山继承和发展了“天下为公，世界大同”的思想，都在倡导为国家利益而牺牲个人利益的崇高精神；以之相联系的还有对国家、民族命运的自觉意识和以天下为己任的社会责任感。“先天下之忧而忧，后天下之乐而乐”、“天下兴亡，匹夫有责”等都是爱国主义精神的体现。通过这些中华民族爱国精神的学习和杰出的爱国人物的熏陶，可以加强大学生整体意识，加深对爱国主义的理解，激发大学生的爱国热情，为振兴中华奉献自己的青春。

2. 提倡刚健有为，主张自强不息

“天行建，君子以自强不息；地势坤，君子以厚德载物。”自强不息是自立之道，厚德载物是立人之道，自立是立人的前提，立人是自立的引申。可以说，刚健有为、自强不息的思想，集中地反映了中华民族朝气蓬勃、努力向上的顽强生命力，表现了中华民族百折不挠的开拓精神、完善自我的进取精神以及所在日常生活中勤劳节俭的美德。古圣先贤教导我们以“天”为榜样，以刚健有为的人生态度对待生活，对待生命；以“地”为标尺，用宽厚的胸膛对待他人，对待社会。大学生要树立“刚健有为、自强不息”的人生信念，培育坚韧不拔、圆融通达、积极进取的生活态度，这些品质都是大学生实现人生价值的重要的心理基础，是坚强意志的体现。只有这样才能全面发展自己，打造完善自己的人格而走向成熟，走向成功。

3. 体会“中和”之道，认知求同存异

儒家思想给人设立了“中和”处世之道，即“不偏不倚”“和而不同”。和谐文化是中国传统文化的核心和精华，传统文化中强调“君子以和为贵”，认为就算是有矛盾也应该以“求同存异”的态度奉行“兼爱、非攻”的策略。在这里，不仅指人与人的和谐，而且还呼吁人与自然的和谐。道家主张的“道”就是一种和谐，认为“道”存在于万事万物的内部。正所谓“天行有道”，我们应该顺应而不是去破坏。

4. 正确面对挫折，能够安时处顺

“自然”和“无为”是道家思想的理论重心。“自然”，是指不加人为强制的本然状态，是不着人为、自然化生的意思。“无为”不是无所作为，而是顺应、尊重客观规律，不强作妄为之意。老子提出“自然”的观念，目的在于消解外界力量的阻碍，排除外在的干扰，主张任何事物都应该顺应他本身具有的可能趋向而运行。另外，还可以从养生的角度出发，理解为顺合生命发展的过程与规律。可见，“自然无为”四字看似平凡，其中却蕴含着丰富的内涵，值得人们去挖掘和思考。道家的“自然无为”的思想，强调的是万物各有其性，物各有宜，应该顺就物性，因才而用，率性而行。率性而行这一思想一方面充分肯定了大学生活的多元化倾向，同时又有利于培养大学生的创造精神。但需要指出的是，率性而行不是随心所欲，而是必须在遵循客观规律前提下发展自我，否则很容易会陷入极端个人主义。而另一方面，现代社会的多元性及竞争激烈的现状，也要求人才的适应性和灵活性。在竞争日益激烈的当今世界，如何在逆境中自处，如何正确对待挫折，是大学生所面临的一系列很现实的问题。在社会竞争中，胜败乃兵家之常事。如何提高大学生的心理素质，保持积极向上的心态，是需要我们共同解决的问题。而道家所倡导的安时处顺、豁达乐观的人生观，恰好为这一命题提供了思想营养。

四、案例讨论

将中国优秀的传统礼仪文化传承下去

上下五千年，中国一路风尘仆仆走来，脚下踏的是深厚的文化底蕴。但在今天，一提及中国传统礼仪，大多数人并没有什么清晰概念，甚至认为这种传统礼仪文化是过时的东西。然而，中华民族传统礼仪文化是中国人民几千年来处理人际关系的实践结晶，是人与人之间行为规范的准则。

北宋时期，杨时与他的学友游酢为求正确答案一起去程老师家请教。时值隆冬，天寒地冻，来到程老师家中时，适逢先生坐在路旁打坐养神，杨时二人不敢惊动老师，就恭恭敬敬立在门外，等候先生醒来，过来良久，程老师一觉醒来，从窗口发现侍立在风雪中的杨时，只见他遍身披雪，脚下雪已有一尺多厚了。此后，“程门立雪”的故事就成了尊师重道的千古美谈。

礼仪是律己，敬人是一种规范，是表现了对他人的尊重。古人云“不学礼，无以立”，文明礼仪不仅是个人素质、教养的体现，也是个人道德和社会公德的体现。

东汉黄香仅仅九岁，就懂得尊老爱幼，孝顺父母。在冬天严寒之时，就用自己的身体将父母的被子温暖后，再请父母安寝；在夏日炎热之际，则用扇子给父母扇凉驱蚊，以侍奉父母安寝。“黄香温席”是中国传统孝之礼仪，孝顺父母，从小事做起。

唐朝贞观年间，西城回纥国是大唐的藩国。一次，回纥国为了表示对大唐的友好，派使者带一批珍宝见唐王，其中最珍贵的是白天鹅。途中，白天鹅不慎飞走，使者只拔下几根鹅毛，却没能抓住白天鹅，使者在担心害怕之余把鹅毛献给了唐太宗，唐太宗并没有怪罪他，反而觉得他忠诚老实，不辱使命，从此，“千里送鹅毛，礼轻情意重”的故事被流传开来。

中国传统礼仪，应是体现精神价值的生活方式，传承可以使我们的礼仪文化发扬光大。中国传统礼仪文化博大精深，它足以使国人和海外华人引为荣耀和自豪，它是中华民族重要的凝聚力。传承中国传统礼仪文化，是每个华夏儿女的责任，只有这样，我们才能无愧于自己的国家！

问题讨论

1. 中国的人文传统是什么？

____

____

____

____

____

____

____

2. 人文传统与人文精神的关系是什么？

3. 大学生应培育什么样的人文精神？

五、拓展提升

致力于实现中华民族伟大复兴的中华优秀传统文化传承发展工程

文化是民族的血脉，是人民的精神家园。文化自信是更基本、更深层、更持久的力量。中华文化独一无二的理念、智慧、气度、神韵，增添了中国人民和中华民族内心深处的自信和自豪。为建设社会主义文化强国，增强国家文化软实力，实现中华民族伟大复兴的中国梦，2017 年 1 月，中共中央办公厅、国务院办公厅印发了《关于实施中华优秀传统文化传承发展工程的意见》。

一、指出了传承发展中华优秀传统文化的重要意义，提出了总体要求

1. 重要意义

中华文化源远流长、灿烂辉煌。在 5000 多年文明发展中孕育的中华优秀传统文化，积淀着中华民族最深沉的精神追求，代表着中华民族独特的精神标识，是中华民族生生不息、发展壮大的丰厚滋养，是中国特色社会主义植根的文化沃土，是当代中国发展的突出优势，对延续和发展中华文明、促进人类文明进步，发挥着重要作用。

中国共产党在领导人民进行革命、建设、改革伟大实践中，自觉肩负起传承发展中华优秀传统文化的历史责任，是中华优秀传统文化的忠实继承者、弘扬者和建设者。党的十八大以来，在以习近平同志为核心的党中央领导下，各级党委和政府更加自觉、更加主动推动中华优秀传统文化的传承与发展，开展了一系列富有创新、富有成效的工作，有力增强了中华优秀传统文化的凝聚力、影响力、创造力。同时要看到，随着我国经济社会深刻变革、对外开放日益扩大、互联网技术和新媒体快速发展，各种思想文化交流交融交锋更加频繁，迫切需要深化对中华优秀传统文化重要性的认识，进一步增强文化自觉和文化自信；迫切需要深入挖掘中华优秀传统文化价值内涵，进一步激发中华优秀传统文化的生机与活力；迫切需要加强政策支持，着力构建中华优秀传统文化传承发展体系。实施中华优秀传统文化传承发展工程，是建设社会主义文化强国的重大战略任务，对于传承中华文脉、全面提升人民群众文化素养、维护国家文化安全、增强国家文化软实力、推进国家治理体系和治理能力现代化，具有重要意义。

2. 指导思想

高举中国特色社会主义伟大旗帜，全面贯彻党的十八大和十八届三中、四中、五中、六中全会精神，坚持以马克思列宁主义、毛泽东思想、邓小平理论、“三个代表”重要思想、科学发展观为指导，深入贯彻习近平总书记系列重要讲话精神和治国理政新理念新思想新战略，紧紧围绕实现中华民族伟大复兴的中国梦，深入贯彻新发展理念，坚持以人民为中心的工作导向，坚持以社会主义核心价值观为引领，坚持创造性转化、创新性发展，坚守中华文化立场、传承中华文化基因，不忘本来、吸收外来、面向未来，汲取中国智慧、弘扬中国精神、传播中国价值，不断增强中华优秀传统文化的生命力和影响力，创造中华文化新辉煌。

3. 基本原则

——牢牢把握社会主义先进文化前进方向。坚持中国特色社会主义文化发展道路，立足于巩固马克思主义在意识形态领域的指导地位、巩固全党全国人民团结奋斗的共同思想基础，弘扬社会主义核心价值观，培育民族精神和时代精神，解决现实问题、助推社会发展。

——坚持以人民为中心的工作导向。坚持为了人民、依靠人民、共建共享，注重文化熏陶和实践养成，把跨越时空的思想理念、价值标准、审美风范转化为人们的精神追求和行为习惯，不断增强人民群众的文化参与感、获得感和认同感，形成向上向善的社会风尚。

——坚持创造性转化和创新性发展。坚持辩证唯物主义和历史唯物主义，秉持客观、科学、礼敬的态度，取其精华、去其糟粕，扬弃继承、转化创新，不复古泥古，不简单否定，不断赋予新的时代内涵和现代表达形式，不断补充、拓展、完善，使中华民族最基本的文化基因与当代文化相适应、与现代社会相协调。

——坚持交流互鉴、开放包容。以我为主、为我所用，取长补短、择善而从，既不简单拿来，也不盲目排外，吸收借鉴国外优秀文明成果，积极参与世界文化的对话交流，不断丰富和发展中华文化。

——坚持统筹协调、形成合力。加强党的领导，充分发挥政府主导作用和市场积极作用，鼓励和引导社会力量广泛参与，推动形成有利于传承发展中华优秀传统文化的体制机制和社会环境。

4. 总体目标

到 2025 年，中华优秀传统文化传承发展体系基本形成，研究阐发、教育普及、保护传承、创新发展、传播交流等方面协同推进并取得重要成果，具有中国特色、中国风格、中国气派的文化产品更加丰富，文化自觉和文化自信显著增强，国家文化软实力的根基更为坚实，中华文化的国际影响力明显提升。

二、确定了传承发展中华优秀传统文化的主要内容

5. 核心思想理念

中华民族和中国人民在修齐治平、尊时守位、知常达变、开物成务、建功立业过程中培育和形成的基本思想理念，如革故鼎新、与时俱进的思想，脚踏实地、实事求是的思想，惠民利民、安民富民的思想，道法自然、天人合一的思想等，可以为人们认识和改造世界提供有益启迪，可以为治国理政提供有益借鉴。传承发展中华优秀传统文化，就要大力弘扬讲仁爱、重民本、守诚信、崇正义、尚和合、求大同等核心思想理念。

6. 中华传统美德

中华优秀传统文化蕴含着丰富的道德理念和规范，如天下兴亡、匹夫有责的担当意识，精忠报国、振兴中华的爱国情怀，崇德向善、见贤思齐的社会风尚，孝悌忠信、礼义廉耻的荣辱观念，体现着评判是非曲直的价值标准，潜移默化地影响着中国人的行为方式。传承发展中华优秀传统文化，就要大力弘扬自强不息、敬业乐群、扶危济困、见义勇为、孝老爱亲等中华传统美德。

7. 中华人文精神

中华优秀传统文化积淀着多样、珍贵的精神财富，如求同存异、和而不同的处世方法，文以载道、以文化人的教化思想，形神兼备、情景交融的美学追求，俭约自守、中和泰和的生活理念等，是中国人民思想观念、风俗习惯、生活方式、情感样式的集中表达，滋养了独特丰富的文学艺术、科学技术、人文学术，至今仍然具有深刻影响。传承发展中华优秀传统文化，就要大力弘扬有利于促进社会和谐、鼓励人们向上向善的思想文化内容。

三、明确了传承发展中华优秀传统文化的重点任务

8. 深入阐发文化精髓

加强中华文化研究阐释工作，深入研究阐释中华文化的历史渊源、发展脉络、基本走向，深刻阐明中华优秀传统文化是发展当代中国马克思主义的丰厚滋养，深刻阐明传承发展中华优秀传统文化是建设中国特色社会主义事业的实践之需，深刻阐明丰富多彩的多民族文化是中华文化的基本构成，深刻阐明中华文明是在与其他文明不断交流互鉴中丰富发展的，着力构建有中国底蕴、中国特色的思想体系、学术体系和话语体系。加强党史国史及相关档案编修，做好地方史志编纂工作，巩固中华文明探源成果，正确反映中华民族文明史，推出一批研究成果。实施中华文化资源普查工程，构建准确权威、开放共享的中华文化资源公共数据平台。建立国家文物登录制度。建设国家文献战略储备库、革命文物资源目录和大数据库。实施国家古籍保护工程，完善国家珍贵古籍名录和全国古籍重点保护单位评定制度，加强中华文化典籍整理编纂出版工作。完善非物质文化遗产、馆藏革命文物普查建档制度。

9. 贯穿国民教育始终

围绕立德树人根本任务，遵循学生认知规律和教育教学规律，按照一体化、分学段、有序推进的原则，把中华优秀传统文化全方位融入思想道德教育、文化知识教育、艺术体育教育、社会实践教育各环节，贯穿于启蒙教育、基础教育、职业教育、高等教育、继续教育各领域。以幼儿、小学、中学教材为重点，构建中华文化课程和教材体系。编写中华文化幼儿读物，开展“少年传承中华传统美德”系列教育活动，创作系列绘本、童谣、儿歌、动画等。修订中小学道德与法治、语文、历史等课程教材。推动高校开设中华优秀传统文化必修课，在哲学社会科学及相关学科专业和课程中增加中华优秀传统文化的内容。加强中华优秀传统文化相关学科建设，重视保护和发展具有重要文化价值和传承意义的“绝学”、冷门学科。推进职业院校民族文化传承与创新示范专业点建设。丰富拓展校园文化，推进戏曲、书法、高雅艺术、传统体育等进校园，实施中华经典诵读工程，开设中华文化公开课，抓好传统文化教育成果展示活动。研究制定国民语言教育大纲，开展好国民语言教育。加强面向全体教师的中华文化教育培训，全面提升师资队伍水平。

10. 保护传承文化遗产

坚持保护为主、抢救第一、合理利用、加强管理的方针，做好文物保护工作，抢救保护濒危文物，实施馆藏文物修复计划，加强新型城镇化和新农村建设中的文物保护。加强历史文化名城名镇名村、历史文化街区、名人故居保护和城市特色风貌管理，实施中国传统村落保护工程，做好传统民居、历史建筑、革命文化纪念地、农业遗产、工业遗产保护工作。规划建设一批国家文化公园，成为中华文化重要标识。推进地名文化遗产保护。实施非物质文化遗产传承发展工程，进一步完善非物质文化遗产保护制度。实施传统工艺振兴计划。大力推广和规范使用国家通用语言文字，保护传承方言文化。开展少数民族特色文化保护工作，加强少数民族语言文字和经典文献的保护和传播，做好少数民族经典文献和汉族经典文献互译出版工作。实施中华民族音乐传承出版工程、中国民间文学大系出版工程。推动民族传统体育项目的整理研究和保护传承。

11. 滋养文艺创作

善于从中华文化资源宝库中提炼题材、获取灵感、汲取养分，把中华优秀传统文化的有益思想、艺术价值与时代特点和要求相结合，运用丰富多样的艺术形式进行当代表达，推出一大批底蕴深厚、涵育人心的优秀文艺作品。科学编制重大革命和历史题材、现实题材、爱国主义题材、青少年题材等专项创作规划，提高创作生产组织化程度，彰显中华文化的精神内涵和审美风范。加强对中华诗词、音乐舞蹈、书法绘画、曲艺杂技和历史文化纪录片、动画片、出版物等的扶持。实施戏曲振兴工程，做好戏曲“像音像”工作，挖掘整理优秀传统剧目，推进数字化保存和传播。实施网络文艺创作传播计划，推动网络文学、网络音乐、网络剧、微电影等传承发展中华优秀传统文化。实施中国经典民间故事动漫创作工程、中华文化电视传播工程，组织创作生产一批传承中华文化基因、具有大众亲和力的动画片、纪录片和节目栏目。大力加强文艺评论，改革完善文艺评奖，建立有中国特色的文艺研究评论体系，倡导中华美学精神，推动美学、美德、美文相结合。

12. 融入生产生活

注重实践与养成、需求与供给、形式与内容相结合，把中华优秀传统文化内涵更好更多地融入生产生活各方面。深入挖掘城市历史文化价值，提炼精选一批凸显文化特色的经典性元素和标志性符号，纳入城镇化建设、城市规划设计，合理应用于城市雕塑、广场园林等公共空间，避免千篇一律、千城一面。挖掘整理传统建筑文化，鼓励建筑设计继承创新，推进城市修补、生态修复工作，延续城市文脉。加强“美丽乡村”文化建设，发掘和保护一批处处有历史、步步有文化的小镇和村庄。用中华优秀传统文化的精髓涵养企业精神，培育现代企业文化。实施中华老字号保护发展工程，支持一批文化特色浓、品牌信誉高、有市场竞争力的中华老字号做精做强。深入开展“我们的节日”主题活动，实施中国传统节日振兴工程，丰富春节、元宵、清明、端午、七夕、中秋、重阳等传统节日文化内涵，形成新的节日习俗。加强对传统历法、节气、生肖和饮食、医药等的研究阐释、活态利用，使其有益的文化价值深度嵌入百姓生活。实施中华节庆礼仪服装服饰计划，设计制作展现中华民族独特文化魅力的系列服装服饰。大力发展文化旅游，充分利用历史文化资源优势，规划设计推出一批专题研学旅游线路，引导游客在文化旅游中感知中华文化。推动休闲生活与传统文化融合发展，培育符合现代人需求的传统休闲文化。发展传统体育，抢救濒危传统体育项目，把传统体育项目纳入全民健身工程。

13. 加大宣传教育力度

综合运用报纸、书刊、电台、电视台、互联网站等各类载体，融通多媒体资源，统筹宣传、文化、文物等各方力量，创新表达方式，大力彰显中华文化魅力。实施中华文化新媒体传播工程。充分发挥图书馆、文化馆、博物馆、群艺馆、美术馆等公共文化机构在传承发展中华优秀传统文化中的作用。编纂出版系列文化经典。加强革命文物工作，实施革命文物保护利用工程，做好革命遗址、遗迹、烈士纪念设施的保护和利用。推动红色旅游持续健康发展。深入开展“爱我中华”主题教育活动，充分利用重大历史事件和中华历史名人纪念活动、国家公祭仪式、烈士纪念日，充分利用各类爱国主义教育基地、历史遗迹等，展示爱国主义深刻内涵，培育爱国主义精神。加强国民礼仪教育。加大对国家重要礼仪的普及教育与宣传力度，在国家重大节庆活动中体现仪式感、庄重感、荣誉感，彰显中华传统礼仪文化的时代价值，树立文明古国、礼仪之邦的良好形象。研究提出承接传统习俗、符合现代文明要求的社会礼仪、服装服饰、文明用语规范，建立健全各类公共场所和网络公共空间的礼仪、礼节、礼貌规范，推动形成良好的言行举止和礼让宽容的社会风尚。把优秀传统文化思想理念体现在社会规范中，与制定市民公约、乡规民约、学生守则、行业规章、团体章程相结合。弘扬孝敬文化、慈善文化、诚信文化等，开展节俭养德全民行动和学雷锋志愿服务。广泛开展文明家庭创建活动，挖掘和整理家训、家书文化，用优良的家风家教培育青少年。挖掘和保护乡土文化资源，建设新乡贤文化，培育和扶持乡村文化骨干，提升乡土文化内涵，形成良性乡村文化生态，让子孙后代记得住乡愁。加强港澳台中华文化普及和交流，积极举办以中华文化为主题的青少年夏令营、冬令营以及诵读和书写中华经典等交流活动，鼓励港澳台艺术家参与国家在海外举办的感知中国、中国文化年（节）、欢乐春节等品牌活动，增强国家认同、民族认同、文化认同。

14. 推动中外文化交流互鉴

加强对外文化交流合作，创新人文交流方式，丰富文化交流内容，不断提高文化交流水平。充分运用海外中国文化中心、孔子学院，文化节展、文物展览、博览会、书展、电影节、体育活动、旅游推介和各类品牌活动，助推中华优秀传统文化的国际传播。支持中华医药、中华烹饪、中华武术、中华典籍、中国文物、中国园林、中国节日等中华传统文化代表性项目走出去。积极宣传推介戏曲、民乐、书法、国画等我国优秀传统文化艺术，让国外民众在审美过程中获得愉悦、感受魅力。加强“一带一路”沿线国家文化交流合作。鼓励发展对外文化贸易，让更多体现中华文化特色、具有较强竞争力的文化产品走向国际市场。探索中华文化国际传播与交流新模式，综合运用大众传播、群体传播、人际传播等方式，构建全方位、多层次、宽领域的中华文化传播格局。推进国际汉学交流和中外智库合作，加强中国出版物国际推广与传播，扶持汉学家和海外出版机构翻译出版中国图书，通过华侨华人、文化体育名人、各方面出境人员，依托我国驻外机构、中资企业、与我友好合作机构和世界各地的中餐馆等，讲好中国故事、传播好中国声音、阐释好中国特色、展示好中国形象。

第三章　修身明志

第一节　确立志向

一、人文箴言

百学须先立志。

——朱熹

志之难也，不在胜人，在自胜。

——《韩非子》

二、案例导读

一位辅导员写给学生的信

亲爱的同学们：

你们好！

大一一个学期就这样度过了。请你思索一下，在这一学期里你得到了什么？纯洁朴实的友谊？专业内容的有趣？社团经历的丰富？还是寝室里被搁置一旁的梦想和烂到发霉的青春？

在这一学期里，你可能在感叹大学与高中的极大差异，你也可能对你的大学生活有了新的规划，你还可能让大学这个小社会扭曲了自己的认识。刚步入大学时，你一定在想，你是要成为一株小草还是一棵绿茵庇人的大树？你一定想成为一棵大树。那么经过一学期，你的志向有变化吗？人要做有远大志向的和有成就的人，那就必须如歌德所说："自己知道限制，那些什么事都想做的人，但什么事都做不成，终会归于失败。"俗话说，"失败者常立志，成功者立常志。"

曾有人做过一次调查，年轻时都胸怀大志，目标越大而越有调动心理潜能，使人观察敏锐，想象丰富，记忆力极其持久，思维也很深刻，便能自觉地激发人对工作的积极性，让我们精力充沛，以及勤奋耕耘，锲而不舍，兴趣集中。由于有远大目标的激励，让人从一个成功走向另一个成功，从一个巅峰走向另一个辉煌，成为人中豪杰，直达人生的光辉顶点。

俗话说："有志向便能成事。"而志向的关键在于律己。在战国时有这么一句话："志之难也，不在胜人，在自胜。"志向的困难不在于胜过别人，而在于战胜自己，这就是战胜自己立志容易定志难。我们讲成才志向，才是我们关心和期盼的人生目标。我们只有确立了正确的志向，人生视觉才会顿时开阔，才会在成才的路上努力的把握住自己。

因此，无论大一的生活给你带来了什么，无论是成功让你自满自足，还是失败让你跃起再试，坚毅前行的你都会感觉到，得到的或失去的都是人生。请坚持你的志向和梦想，迎接崭新的一学期。

为此向同学们发出如下倡议：

1. 立志——自己一定能行，不甘于平庸有毅力攻克学习困难。

立志不仅是高尚的志向理想，也是我们学习源源不竭的动力，更是具有为理想而奋斗的毅力和决心。

2. 知识——确定学习目标。

动力问题解决了学习的志向，你的学习方向是学习目标。自主学习的重要前提是确立适当的学习目标。

3. 亲知——课本结合于实践，实践思维能力于培养。

参加各类提高实践能力的活动、课内外科技文化活动以及具有创新精神和创业意识的活动，提高人文素养和科学素质，塑造健康积极的心理品质，有意识地培养我们自己的国际视野。

4. 乐学——端正学习态度。

认真听讲，做好课堂笔记，加强与老师之间的交流；以饱满的热情投入到学习生活中；杜绝早退、上课迟到、旷课、不端正的学习态度和不认真听讲等不遵守课堂纪律的不良现象。勤于思考，刻苦学习，共同营造善学、乐学、勤学的学习氛围。

5. 明德——永葆感恩之心。

用自己的真实行动回馈感恩，不断提高自身道德修养。

三、知识点链接

（一）立志

志向就是远大的理想和目标。理想，是对未来事物的美好想象和希望，是人们在实践过程中形成的、有实现可能性的、对未来社会和自身发展的向往与追求，是人们的世界观、人生观在奋斗目标上的集中体现。志向可以通过选择职业来体现，个人应选择社会需要的、最能发挥个人特长的职业作为志向，并为实现志向而努力奋斗。大学生要坚定不移地追求远大的志向和崇高的理想。

1. 立志当高远

在无产阶级革命史上，无数的革命领袖和英雄人物在大学时期就立下了伟大的志向和理想，并为之奋斗不息，为人类作出巨大的贡献。马克思曾经在大学生时代就立下了要为人类幸福献身的崇高志向；伟大领袖毛主席 15 岁时就立志让祖国“富强、独立起来”，他把自己“自信人生二百年，会当击水三千里”的豪情壮志与中国人民的命运紧密相连。青年时期是志向形成的重要时期，也是立志的关键阶段。大量事实告诉人们，那些在事业上取得伟大成就、对人类作出卓越贡献的人，都是在青年时期就立下了鸿鹄之志，并为之坚持不懈、努力奋斗。李四光、钱学森、邓稼先等老一辈知识分子，青年时期就立志用自己的聪明才智报效祖国。

2. 立志做大事

立志做大事，是当代大学生的价值追求和人生方向。新一代大学生的理想信念、精神状态、综合素质，是一个国家发展活力的重要体现，也是一个国家核心竞争力的重要因素。大学生在确立志向时，不能局限于对个人的前途命运的关心，应把个人放在社会历史发展的大背景下考虑，更应与时代同心同行，早定志向。

古人说："非学无以广才，非志无以成学。"有一分志，成一分事。古今多少第一等事业，都是那些早早树立了第一等志向的人做出来的。年轻的霍去病以"匈奴未灭，何以家为"激励自己，后来为西汉扫除边患、开疆拓土，立下汗马功劳。青年周恩来"为中华之崛起而读书"，终成为新中国的缔造者之一。而有的同学在立志和做大事的过程中，有这样一种扭曲，到底什么是"大事"。有的同学说是做大官，有的说是挣大钱，说法比比皆是。在市场经济的现代社会，通过合理合法的手段、方式，凭借自己的能力打拼过上有尊严的生活，不但无可厚非，而且应该赢得尊敬。但物质的成功只是人生的一部分，而且是人生需求的"低端"部分，而完美的人格才是"中高端"的满足，身处这样的伟大时代，青年同学是幸运的，因为这是最需要年轻人做大事，拼搏的时代，小我升华为大我，把一己的汗水融入时代大潮，这是时代赋予当代大学生的伟大使命。立志做大事，是当代大学生人生的伟大主旋律。

3. 立志须躬行

古人说："合抱之木，生于毫末；九层之台，起于垒土；千里之行，始于足下。"人们总是通过做好具体的一件件事，去实现自己的近期理想，又在近期理想的实现过程中，不断靠近远大理想。因此，我们必须把理想付诸行动，从身边的小事做起，脚踏实地开辟理想之路。古人说得好："道虽迩，不行不至；事虽小，不为不成。"理想之所以美好，不仅仅在于它的最终实现，而且体现在其实现过程中，体现在实现理想的平凡劳动中。列宁说："要成就一件大事业，必须从一点一滴做起。""少说些漂亮话，多做些日常平凡的事情。"因此，在实现人生理想的过程中，必须一步一个脚印。对于大学生来说，要从学好每一门功课、培养各方面能力、提高基本素质做起，抓住大好时光，刻苦攻读，全面锻炼。为今后实现自己的理想做好准备、打好基础。

（二）以社会主义核心价值体系引领大学生志向

党的十八大提出，倡导富强、民主、文明、和谐，倡导自由、平等、公正、法治，倡导爱国、敬业、诚信、友善，积极培育和践行社会主义核心价值观，这 24 个字是社会主义核心价值观的基本内容。2017 年 10 月 18 日，习近平同志在十九大报告中指出，要培育和践行社会主义核心价值观。要以培养担当民族复兴大任的时代新人为着眼点，强化教育引导、实践养成、制度保障，发挥社会主义核心价值观对国民教育、精神文明创建、精神文化产品创作生产传播的引领作用，把社会主义核心价值观融入社会发展各方面，转化为人们的情感认同和行为习惯。当代大学生作为时代新人，确定自己未来目标和志向，更应该以社会主义核心价值观为引领，积极践行社会主义核心价值观。

首先，作为当代大学生，我们要追求远大理想，坚定崇高的信念。大学期间，同学们都面临着一系列人生课题，如人生目标的确立，知识才能的丰富，发展方向的确定等。这些问题的解决，都需要科学的理想信念来引导。我们要把个人的奋斗志向与国家和民族的前途和命运联系在一起，把个人今天的学习进步和祖国明天的繁荣昌盛紧紧联系在一起，使理想之花结出丰硕的成长成才之果。

其次，我们要做忠诚的爱国者，时刻不忘自己是中华人民共和国的一分子。维护国家利益，维护祖国统一，以振兴中华为己任。无论我们以什么样的方式来报效祖国，都要自觉弘扬以爱国主义为核心的民族精神和以改革创新为核心的时代精神，努力学习，掌握报效祖国的本领。

再者，领悟人生真谛，创造人生价值。我们要树立正确的人生观和价值观，追求高尚的人生目标，确立积极进取的人生态度，用科学高尚的人生观指引人生。明是非，知荣辱，辨善恶，在实践中不断地创造人生的价值，赋予人生与众不同的意义。

同时，我们还要加强道德修养，锤炼道德品质。大学时期是人生道德意识形成、发展和成熟的一个重要阶段，在这个时期形成的思想道德观念对大学生一生影响很大。我们要牢固树立社会主义荣辱观，加强思想道德修养，做一个知荣辱讲道德的人。大学生要继承和弘扬中华民族优良道德传统，努力养成良好的道德品质。

最后，在日常生活中，我们还要做到遵守社会公德，维护公共秩序，并且要增强法律意识，做一个知法、明法、守法的公民。总之，践行社会主义核心价值体系的过程，是一个人加强修养、完善自我的过程。我们要从自我做起，从现在做起，自觉担负起时代赋予的崇高使命。

总之，社会主义核心价值体系是社会主义制度的内在精神之魂，是社会主义意识形态的本质体现。它在社会主义价值目标中居于支配与统领地位，决定着中国特色社会主义发展的总方向，引领着全国各族人民科学信仰的培育与形成。将社会主义核心价值体系建设与大学生信仰教育有机结合起来，在大学生信仰教育中充分彰显社会主义核心价值体系的吸引力与感召力，就能够积极培育并有效形成当代大学生中国特色社会主义共同理想与科学信仰。

（三）树立理想，实践志向

1. 正确认识理想与现实的关系是实现志向的思想基础

理想和现实是辩证统一的关系，理想与现实存在着对立的一面。理想受现实的规定和制约，不能脱离现实而幻想未来。理想和现实的矛盾与冲突，属于“应然”和“实然”关系。二者又是统一的关系。现实是理想的基础，理想是未来的现实。一方面，现实中包含理想的因素，孕育着理想的发展，在一定条件下，现实必定要转化为理想。另一方面，理想中也包含着现实，既包含着现实中必然发展的因素，又包含着由理想转化为现实的条件；在一定条件下，理想就可以转化为未来的现实。脱离现实而谈理想，就会成为空想。正确理解认识理想与现实之间关系，要注意避免两种错误的认识：一种用理想否定现实，另一种是用现实否定理想。

2. 坚定的信念是实现理想的重要条件

追求崇高的理想，仅有美好的愿望是远远不够的。追求理想需要有执着的信念，没有对理想的执着，要想实现宏伟的理想是不可能的。自信和毅力来源于对志向的执着追求，也是实现理想的强大精神力量。在人生实践中，大学生仅仅有对美好理想的向往是不够的，还必须正确认识社会发展的规律。只有对科学理想坚信不疑，才能坚定自己的向往和追求，并将理想落实到行动上。为理想而献身，是人生的最高境界，也是实现理想的重要条件。理想的实现需要付出艰辛的努力，只有勇于献身、不畏艰苦的人才有可能达到成功的彼岸。

3. 勇于实践、艰苦奋斗是实现理想的根本途径

理想必须通过实践才能转变为现实。再好的理想，如果不付诸行动，就没有实际意义。历史上，凡有成就者，其渊博的知识、卓越的才能、闪光的智慧、不朽的业绩，多是从艰苦奋斗中得来的。艰苦奋斗是成就伟业不可或缺的条件，艰苦奋斗是我们的传家宝。我们党靠艰苦奋斗起家，我们事业靠艰苦奋斗发展壮大，我们的幸福生活也靠艰苦奋斗去开创、去实现。艰苦奋斗，其主旨在于奋斗，其价值在于为事业而奉献。艰苦奋斗绝不是一时的权宜之计。我们要充分认识社会主义现代化建设的长期性和艰巨性，做好长期艰苦奋斗的思想准备，增强忧患意识，始终居安思危，老老实实艰苦创业，踏踏实实艰苦奋斗。艰苦奋斗始终是激励我们为实现国家富强、民族振奋、人民幸福的中国梦而共同奋斗的强大精神力量。

四、案例讨论

新东方创始人——俞敏洪

俞敏洪，新东方教育集团创始人，担任新东方教育集团董事长、中国青年企业家协会副会长等职。俞敏洪的故事，大学生都知道，出生在一个普通小村庄，离开农村到城市生活就是他的梦想，经历两次高考失利，他依然没有放弃。第三次高考，他一举考进了北京大学。那时，他是班里唯一的农村生，加上普通话不好，他经常被班级同学嘲笑，但他并没有被打倒，调整好心态，跟播音主持学说话，在未名湖畔背英文单词，很快，他的英语水平有了很大的提升。虽然由于肺结核中途休学一年，但是他没有迷茫，毕业时成为北大一名英语教师，实现了自己到城市生活的梦想。他得出两个结论：（1）人必须往前跑，不一定要跑得快，但是要跑得久；（2）不能停下来，你不能三天打鱼两天晒网，要持之以恒。

俞敏洪走到今天没有一天懒惰过，直到现在他每天工作 16 小时，他这样说：“龟兔赛跑的故事我们从小学就知道了，而生活中也经常体现出来。因为跑得快的人往往会停下来，而跑得慢的不能因为慢就不跑。只要跑，早晚会达到你所向往的终点。所以我们不要去计较大学时候谁的成绩高谁的成绩低，只要不停地去追求就可以了。”

在一次演说中，他这样说道：“我们人生有很多迷茫和痛苦，而只要你坚持往前走，

痛苦往往会解决掉。在走的过程中，我也痛苦得流过泪，也曾经痛苦得号啕大哭过，但我知道真的坚持下去，不是因为我坚强，而是因为我别无选择。走到最后你会发现总会有成果。我没想到新东方能从培训 13 个学生，现在变成培训 175 万学生，其实所有这一切你都不一定要去想，只要坚持往前走就行了。”

新东方从刚成立到在美国上市，这期间有太多的波折，但是俞敏洪的梦想就是打造中国最好的私立大学，他坚持着自己的志向，保持永不言败的自信心，充满创新的奇思妙想，最终登上了顶峰。

问题讨论

1. 如何看待大学生志向的多元性？

2. 大学生志向的核心价值观是什么？

3. 大学生如何确立自己的职业志向？

五、拓展提升

中国梦，更是青年一代的

习近平总书记在十九大报告中指出，青年兴则国家兴，青年强则国家强。青年一代有理想、有本领、有担当，国家就有前途，民族就有希望。中国梦是历史的、现实的，也是未来的，是我们这一代的，更是青年一代的。中华民族伟大复兴的中国梦终将在一代代青年的接力奋斗中变为现实。全党要关心和爱护青年，为他们实现人生出彩搭建舞台。广大青年要坚定理想信念，志存高远，脚踏实地，勇做时代的弄潮儿，在实现中国梦的生动实践中放飞青春梦想，在为人民利益的不懈奋斗中书写人生华章！

青年一代正处于伟大时代的进程中。经过改革开放40年的发展，依靠一代代人的辛勤汗水，我国经济总量稳居世界第二，综合国力位居世界前列，人民生活水平显著提升。我们国家发生的改变翻天覆地，取得的成就举世瞩目。这是一个承前启后、继往开来的时代，这是一个从富起来向强起来奋勇前行的时代，在这个时代的青年人是名副其实的“强国一代”。在这个时代的青年人，可谓生逢其时，见证历史发展进程，而又责任重大，薪火相传，满怀自信、充满豪情、奋发有为地踏上新征程。

青年一代是实现中国梦的生力军、突击队。实现中华民族伟大复兴的中国梦，是我们每一个人的，更是青年一代的。我们这一代青年人，生活在一个丰富多彩的世界里，每个人都有属于自己的梦。大河有水小河满、小河有水大河满。个人的梦与中华民族的梦相融合，将自己的奋斗目标融入到中华民族伟大复兴的进程中，我们青年一代的人生价值才能更淋漓尽致地展现出来。

新时代新气象，要有新作为。肩负实现中国梦的重任，最重要的是，我们青年一代要把坚定的理想信念、志存高远的人生抱负与脚踏实地的工作作风结合起来，并将此化作干好本职工作的强大动力。实干兴业、实干兴国。青年人在各自的工作岗位上埋头苦干、扎实前行，既实现自我价值、让青春出彩，又当仁不让地成为新时代的奋进者、开拓者，在奉献“小我”中实现“大我”，在成就“大我”中升华“小我”。

这是一个伟大的时代。时代在召唤我们这一代青年人，用辛勤的汗水汇聚成源源不竭的洪流，形成巨大的磅礴之力，推动我们国家朝着既定的目标稳步前进，迎接中华民族伟大复兴的到来。

分组讨论：中国梦之我见

1. 任务单：根据拓展材料，组织小组讨论，大学生如何助力中国梦实现？

____

____

____

____

2. 任务目的：大学生如何实现梦想？

第二节 自我修养

一、人文箴言

君子不可以不修身。

——子思

有什么样的思想，就有什么样的行为；有什么样的行为，就有什么样的习惯；有什么样的习惯，就有什么样的性格；有什么样的性格，就有什么样的命运。

——查·霍尔

二、案例导读

关于校园十大不文明行为调查

2016年10月，某高校学生会的同学作为调查员对大学校园不文明行为做了调查，本次调查，采用问卷调查和网上调查相结合的方式。一方面，由调查员深入教室、食堂，乃至宿舍发放问卷，对在校学生展开随机调查，共发放了240份问卷，收回了230份左右；另一方面，由中心成员在校园论坛“调查在线”上发出调查帖，对在线的同学展开调查，征询他们对校园不文明行为的看法。最后，对调查结果进行统计和汇总，最终完成了这次调查，推出了校园十大不文明行为排行榜，并做出了这份报告。

校园不文明行为前十项：

（1）口出脏话，打架斗殴；

（2）购物、打饭时随意插队；

（3）乱扔垃圾，随地吐痰；

（4）取车时将他人的自行车推倒，不做善后处理；

（5）在公共场合吸烟；

（6）男女情侣在公共场合交往过于亲密；

（7）公交车上不主动给老弱病残让座；

（8）上课不遵守纪律，影响他人学习；

（9）对老师、同学不够尊敬礼貌；

(10) 骑车在校园内横冲直撞。

此榜单为广大学生心目中最为恶劣的十种不文明行为。

另外，在调查过程中同学们还提出了许多其他的不文明的行为。例如，饭后不自觉回收餐具，随意践踏草坪，浪费水电，考试作弊，男生打球不穿上衣等。

三、知识点链接

(一) 道德修养

道德修养是人的道德活动形式之一，是指个人为实现一定的理想人格而在意识和行为方面进行的道德上的自我锻炼，以及由此达到的道德境界。不同社会、时代和阶级的道德修养有不同的目标、途径、内容和方法。

中国古代最有影响的思想家之一——孟子，在道德修养方法和培养高尚道德情操上有很深刻的论述。他认为，修身养性，培养浩然之气，并非深奥玄妙之事，而是要从身边小事做起，把内心德行修炼与现实生活紧密结合起来，避免不切实际的高谈阔论。

道德作为一种社会意识形态，是一种特殊的规范调节方式。正面价值取向往往是社会的体现，是判断行为正当与否的运用。道德是引导我们追求至善的良师，道德教导大家认识自我，认识对家庭、对他人、对社会、对国家应负的责任和义务；道德是社会矛盾的调节器。人生活在社会中，总要和他人发生这样那样的关系，道德的变化需要社会的舆论压力、各种风俗习惯以及每个人内心信念等不一样形式，用自己的善恶标准去调节社会上人们的行为。道德也是公正的法官，道德是把握现实的一种方式，通过判断“善”与“恶”的周围社会现象所实现的。道德是让人积极向上的引路人，道德培养人们良好的意识、品质和行为，树立正确的义务、集体荣誉、正义感和幸福感等观念。道德纯洁、理想高尚的人是更多的受教育者想成为的目标。

既然道德如此重要，我们大学生如何加强自身的道德修养，需要做到以下几点：

(1) 加强自我修养，培养高尚人格。重视自我修养，自我修养在中国传统文化中具有重要的地位和作用，是极为重要的传统美德。在现代社会中，当代大学生应追求高尚人格，不断攀登人生高境界。总的来说，大学生思想还不够成熟，社会生活经验还不够丰富，而且存在着明显的知行脱节的现象。例如，在成才问题上，一方面具有强烈的成才愿望，另一方面又缺乏勇攀科技高峰、耐得住清贫、忍得住寂寞的决心和恒心。这就需要我们去不断学习，加强思想道德建设，完善自己。大学生树立正确的世界观、人生观、价值观，成为社会主义现代化建设所需要的高级专业人才。

(2) 锻炼和提高实践能力以及社会适应能力。从我们大学生所成长的环境看，大学生长时间生活在校园里，缺乏社会实践，不能真真切切地体验社会现实的方方面面。因而，容易出现思想方法脱离现实、价值观抽象等问题，因此，要尽量通过各种各样有效的方式锻炼和提高他们的实践能力以及社会适应能力。首先要从教育者入手，教师不仅要有丰富而全面的专业知识，还需要具有高尚的道德水平。这样学生才可以从老师身上既学到知识，也可以学到课本上没有的东西，这也算是我们进入社会前得到的宝贵“社会经验”。其次，在面对拜金主义、享乐主义、个人主义等腐朽思想及各种各样的社会丑恶现象，我们要有一个清醒的认识。在这种条件下，我们不但要从治理社会大环境入手，为大学生的健康成长提供一个良好的“不受污染”的社会环境，而且，要从加强高校思想政治教育入手，对大学生进行中国特色社会主义理论、爱国主义、中华民族优秀道德传统等方面的教育。

（3）联系社会实际，联系自己的思想实际。在比较与鉴别中学习，大学生要学会运用课堂所讲授的理论知识去分析和认识现实社会生活中复杂纷繁的政治、经济、文化、道德等现象，去比较和评价各种社会思想和价值观念，并在分析与比较中选择和确立有中国特色社会主义科学的世界观、人生观、价值观。要注重知行统一，在社会实践中学习。“不行不为真知”。坚持从自身做起，从现在做起，边获知识边努力实践，在实践中进一步加深对“知”的认识和理解，真正做到知行统一，从而不断提升思想道德境界，达到完善自我的目的。

在道德修养中，要从我做起，严格要求自己。不能因为他人没有做到自己也不去做；也不能因为社会存在不正之风，和许多不道德的现象而原谅自己、放纵自己，甚至放松对自己的要求。相反，更应该高标准、严要求，追求高尚的职业道德境界，只有这样，才能自觉形成一种道德习惯，形成良好的职业道德信念和品质。

（二）文化修养

文化是一个非常广泛和最具人文意味的概念，是相对于经济、政治而言的人类全部精神活动及其活动产品。文化修养则是指一个人在文化方面所能达到的一定程度和水平。有静态和动态两种状态。静态是某一定时期的水平，动态则是指这一水平提升的过程。

1. 大学生提升文化修养的重要性

首先，大学生提升文化修养十分重要。一是提高综合素质的需要。人的素质主要由外在的体貌素质、实际拥有的能力素质和内在的文化素质构成。而文化素质是灵魂，起着总领作用。一般来说，现代大学生已经具备了一定的知识和技能，但有知识不等于有文化。要实现德智体美劳的全面发展，必须重视提升文化修养。二是做一个真正的人的需要。人之所以不同于动物，是因为人是有文化的，文化层次越高离动物界就越远，距马克思所说的“自由而全面的发展”的目标就越近。

其次，大学生提升文化修养十分必要。近年来，我国高校大学生人文素养总体上是好的，但是由于受到各种因素的影响，大学生人文素养仍然存在思想道德水准下滑、理想信念世俗化、社会责任感缺失等人文素养缺失的情况，这无疑会阻碍大学生的全面发展。因此无论文科、还是理工科，每个大学生都需要重视文化修养，提高自己的文化层次和综合素质。

2. 大学生文化修养的内容

古代儒家教育科目是六艺，即礼（吉礼、凶礼、军礼、宾礼、嘉礼）乐（《云门大卷》《咸池》《大韶》《大夏》《大濩》《大武》）射（五种射箭方式）御（五种驾车方式）书（书写、识字、文字）数（计算数学的技术）。这其中涵盖了文化修养的主要内容。而在当代，文化修养应该包括以下三个层次。

（1）第一个层次——1 个灵魂

文化从本质上说是精神现象，而精神现象的最高层次是价值理念。价值理念决定了人们的理想、信仰、追求和道德品质，这是文化修养的灵魂。如果一个人即使文化水平很高，但没有信仰，缺乏正确的理想和追求，品德上有问题，那么我们也不能认为他有文化修养。古代儒家教育把礼（德育）放在第一位，就是这个道理。孔子说："弟子入则孝，出则悌，谨而信，泛爱众，而亲仁，行有余力，则以学文。"美国积极输出文化，其目的也是输出他们的价值观。所以，我们要加强文化修养，最重要的是要把树立正确的价值观放在首位，形成良好的道德品行和高尚的精神境界，强大自己人生的正能量，解决好这个文化之魂的问题。否则，就会步入歧途。比如近年来大学生犯罪（云南大学马加爵杀人事件、复旦大学林森浩投毒事件）。

（2）第二个层次——2 项技能

说和写，就是说话和写作。我们之所以说这两项是基本功，是因为无论读过多少书、掌握多少知识，如果说和写不过关，也是茶壶里煮饺子——有口倒不出。

先来说"说"。按理说，正常人都会说话，但其实并不是。不会说话的人比比皆是。一是不能够准确表达自己的意思。例 1，某人说我可啥都没说，以后你孩子死了可别怪我。例 2，某人请客说，该来的都没来。二是语言不文明，多的是脏粗话、难听话、让人不舒服的话。三是不会与人交流。四是缺乏口才能力，毕业答辩、求职介绍困难。

其次是写作。大学生可能都要写毕业论文，但毕业论文的写作是程式化的，就像明清时的八股文（破题、承题、起讲、入手、起股、中股、后股、束股）。如网上流传的关于红烧肉的博士论文格式。其实，真正的写作是要正确表达自己的思想和情感。因此，必须重视说和写。

（3）第三个层次——10 门学科

10 门学科包括文学、历史、哲学、经济学、伦理学、心理学、法学、社会学、艺术知识（音乐舞蹈、书法绘画等）、自然科学知识（天文地理等）。

文学是文化修养的最主要的内容。文学使人丰富。古语说，言之无文行而不远。文学主要是诗和文。诗是诗词曲赋，文指除了诗以外的文字作品，包括小说、杂文、散文（诸子散文和现代散文）和政论、小品等。首先，要了解古今中外重要作家和作品；其次，要了解有关文体知识，如诗词曲赋、杂文、散文、小说、戏曲等；再者，要亲自练习写，如写诗词、小说、小品。

其他的九门学科：历史使人深邃，哲学使人睿智；经济使人务实；伦理学是哲学的分支，是关于道德问题的理论；心理学是一门研究人类及动物的心理现象、精神功能和行为的科学，也是帮助人心理健康的科学；法学是研究法律的科学，社会学是关于社会运行和发展的科学；艺术修养是文化修养的重要方面；掌握一定的自然科学知识，对于提升文化修养是非常必要的。因此，文化修养的内容是十分广泛和丰富的。除此之外，相近的学科还有修辞学、逻辑学、语言学、文字学、政治学、军事学，以及宗教知识等。

3. 大学生如何加强文化修养

（1）自觉，这是前提。不要认为上大学就有文化了，知识不等于文化。而且大学学的仅仅是某一方面的文化，和真正的文化还有距离。因此，要有自觉学习、自我提高的意识。现在已进入学习型社会，其特点是自主性的学习，要达到四个目标：学会学习、做事、共处、做人。

（2）读书。一是多读书，开卷有益；二是勤读书，挤时间；三是会读书，不能读死书，不求甚解。

（3）实践。接触社会、关注时事、向他人学习。

（4）总结反思。博学、审问、慎思、明辨、笃行，通过比较总结，认识不足，不断提高。

文化修养是长期持续不断的过程，是终身的事情。活到老学到老提高到老。不仅仅是大学生，每个人都需要不断地提高文化修养。

（三）礼仪修养

1. 礼仪的含义和重要性

礼仪是人们在社交活动中体现出来的人们之间互相尊重的意愿，在仪容、仪表、仪态、仪式、言谈举止等方面约定俗成的、共同认可的行为规范。礼仪是一个人思想道德水平、文化修养、交际能力的外在表现，是做人的基本要求。

中华民族自古以来就非常崇尚礼仪，孔夫子曾说过："不学礼，无以立。"就是说一个人要有所成就，就必须从学礼开始。在现代社会，虽然一个国家、一个民族的综合国力所包含的内容十分广泛，但在评价一个国家、一个民族时，通常是从这个国家、这个民族的言行举止、文明习惯所体现的公民素质与精神面貌入手的。因为，从国家和民族的角度讲，礼仪是一个国家、一个民族社会风貌、道德水准、文明程度、公民素质的重要标志。从个体的角度说，礼仪是一个人思想觉悟、道德修养、精神面貌和文化教养的综合反映。通过一个人在社会生活中对礼仪运用的程度，可以察知其教养的高低、文明的程度和道德的水准。可见，礼仪学习对形成文明有礼、道德高尚的高素质人才有着十分重要的意义。

2. 礼仪的作用

（1）礼仪教育是培养大学生道德素质的起点。礼仪本身是一种既具有内在道德要求，又具有外在表现形式的行为规范。谦恭的态度、礼貌的语言、优雅得体的举止等方面表现出来的是人的内在文化修养、道德品质、精神气质和思想境界。没有内在的修养，外在的形式就失去了根基。内在的良好道德品质、文化修养只有通过一定的外在形式表现出来，才能在现实的社会生活中具有实际的意义和作用，所以礼仪教育是培养大学生高尚道德品质和道德情操的起点。没有对礼仪的正确认识，对礼仪精神内涵的深刻理解和把握，就不可能产生积极的道德情感和正确的道德判断能力。

（2）礼仪学习能提高大学生的心理素质。礼仪自古以来就成为君子的修身养性之道。古人学礼的目的有三，所谓的"修身、治国、平天下"，修身便是其中的第一目的。而良好的性情修养就是一种良好心理的体现，表现为客观成熟的心态、较强的自我调适和自我控制能力，能够恰当确切地摆正自己的位置，并以此为出发点有效地规范行为，体现出良好的自我意识和妥善的处事风格；表现为有理性，有较强的控制力。良好的礼仪风范是在克制并渐渐消除自己不良的习性、欲望，天长日久才能磨炼形成。

（3）礼仪教育能提高大学生的人际关系的处理能力。礼仪最初的功能就是用以规范社会秩序和协调人们之间的关系的。礼仪学习中的重要内容就是关于人际交往态度、方式、方法、礼节的学习，包括如何介绍自己、如何与他人交往等。对大学生而言，这是他们走向社会必须掌握的"通行证"，否则他们将无礼而寸步难行。良好的人际关系表现出宽容、豁达的胸怀，与人为善、助人为乐的品格，进退自如的交往艺术，善于与各种类型的人融洽相处，能够在自己周围聚集起一大批志同道合、互帮互促的事业盟友。现代社会的一个显著特点，就是人与人之间的相互依存性越来越强。任何一个人的成功，都离不开他人的帮助与协作。而要得到别人的帮助，就必须首先帮助别人、善结良缘，助人即助己，这是一条黄金规则。

（4）礼仪学习能提高大学生的职业素质。职业素质是职业人必备的思想、知识、技巧等，包括职业道德、职业礼仪、职业知识、职业技巧等。大学生在平时的专业课程里往往很少学习到，而这却是他们的职业生涯中必不可少的。礼仪学习能为他们补上这一课。我们的大学生必须能够按照标准的礼仪规范站、坐、行、打接电话、掌握办公礼仪、会谈礼仪、庆典礼仪等，只有这样才能适应社会的需要。良好的礼仪修养能增强学生的竞争能力。在今天，礼仪不仅是现代职业人员必备的知识，也是必备的素质。

（5）礼仪是组织形象的根本保证，是影响社会组织形象的重要因素。一个人的言行举止，衣帽修饰，不仅反映他个人，更主要的是代表他所在的集体，是组织形象的重要窗口。假如你代表某个单位去做接待工作，有来访者会对你的彬彬有礼留下深刻的印象。相反，如果你行为无礼，蓬头垢面，他可能就会认为你所在单位的人员素质低下，进而怀疑整个组织形象和实力。现在社会上不少企业不惜花费重金聘请或评选“形象大使”、“品牌代言人”，为自己的企业树立公众形象，由于这些“形象大使”、“品牌代言人”品貌端庄、言谈有节、积极向上，颇得公众的认可和赏识。于是，企业的知名度也大大提高。可见，礼仪对组织形象的重要性。

3. 培养礼仪修养的途径

（1）自觉接受和学习礼仪教育，从思想上提高礼仪修养水平。在人际交往中，礼仪不仅反映着一个人的交际技巧和能力，更反映着一个人的气质、风度和教养。通过学习礼仪，可以提高自身的道德修养和文明程度，更好地显示自身的优雅风度和良好形象。通过礼仪教育和培训，可以分清是非，明辨美丑，懂得常识，树立标准，这使人们礼仪行为的形成有了外因条件，也为进一步的自我修养的内因创造了条件。通过这一重要条件，促使大学生经过努力，不断磨炼，养成并产生强烈的自我修养的愿望，最后达到处处讲究礼仪的效果。古人强调“吾日三省吾身”，说明提高个人修养必须注意反躬自省。同样，学习礼仪，也应时时处处注意自我检查。这样，将有助于发现缺点，找出不足，不断总结技巧，自我提高。

（2）通过书籍、网络等途径广泛阅读艺术作品和科学文化知识，使自己博闻多识。加强文化艺术方面的修养，对提高礼仪素质大有裨益。文化艺术修养的提高可以大大丰富礼仪修养的内涵，提升礼仪品位，并使礼仪水平不断提高。一般来说，讲文明、懂礼貌、有教养的人大多是科学文化知识丰富的人。这种人逻辑思维能力强，考虑问题周密，分析事物较为透彻，处理事件较为得当，在人际交往时能显示出独有的魅力而不显得呆板。大学生有必要注意搜集、整理、学习和领会世界各国文化，以利于在实践中运用，久而久之，能使自己的礼仪修养提到新的高度。

（3）积极参加社交实践活动，逐步提高礼仪修养。现代社会，人际交往越来越广泛，仅仅从理论上弄清礼仪的含义和内容，而不在实践中运用是远远不够的，礼仪修养关键在于实践。修养修养，既要修炼又要培养，离开实践，修养就成为无源之水，无本之木。在培养礼仪修养时，要以主动积极的态度，坚持理论联系实际，将自己学到的礼貌礼节知识积极地应用于社会生活实践的各个方面。要在学校、家庭、社会等场合中，时时处处自觉地从大处着眼、小处着手，以礼仪的准则来规范自己的言谈举止。这样持之以恒，就会逐渐增强文明意识、培养礼貌行为、涤荡粗俗不雅等不良习惯，成为一个有礼仪修养的人。

四、案例讨论

提升学生党员自身修养系列活动

2017 年 11 月，为迎接党的十九大会议的召开，应用技术学院学生党支部开展以“提升学生党员自身修养”为主题的系列活动。

目前高校学生党员是学生组织当中非常优秀的一个群体，是肩负建设中国特色社会主义道路的主力军和生力军。学生党员群体的理想信念对建设中国特色社会主义有至关重要的意义，学生党员党性修养的提升是高校党建工作者的重要内容之一。目前学生党员队伍中存在的主要问题有：首先，大学生入党动机不纯，理想信念不坚定，表现为以个人主义和实用主义为核心的功利性色彩。其次，入党材料雷同现象严重，死板和教条让规范的党员发展程序变得没有太多实质性内容；最后，学生党组织作用发挥不明显。

针对这一情况，学院开展了以“提升学生党员自我修养”为主题的系列活动，包括党员寝室挂牌、学生党员民主生活会、组织学生党员观看十九大开幕式、学生党员如何提升自身修养的征文等系列活动。活动中，全体学生党员能够从自身做起，认真开展批评和自我批评，查找自身存在的毛病和问题，通过观看党的十九大，对党的理论知识的进一步学习，理论水平进一步提高，坚定了共产主义信念。将所有党员同学的寝室，门上挂上“党员寝室”，让党员同学生活上严格要求自己，并能够积极地带动寝室的其他同学，真正起到旗帜的作用。

此项活动结合学院党员的实际情况，从政治思想、遵守纪律、宗旨意识、学习状况、社会工作、发挥模范作用等方面入手，完善和创新入党考察机制、思想汇报机制。因此，要建立长久的机制，不仅要注重引导学生党员学习党的基本知识和理论，更应该加强和创新党员的组织生活，创造多种实践平台，深入社会，贴近实际、贴近生活，服务群众，通过自我锻炼和自我完善养成奉献精神和责任意识，提高自身党性修养和综合素质。

问题讨论

1. 大学生修养包括哪些内容？

____

____

____

____

2. 大学生行为失范的原因是什么？

3. 如何提升大学生自我修养？

五、拓展提升

诚信考试倡议书

亲爱的同学们：

树道德新风，立诚信根基，是当代大学生义不容辞的责任。考试不仅是检查教师教学效果和学生学习情况的评价手段，也是一种敢于正确评价自己，勇于承认学习上的不足，严于自我约束的考验。为营造良好学风，培养自立自律、刻苦学习的作风，塑造高尚的品格，应用技术学院现向全体同学提出如下倡议：

一、提高自身道德修养，端正考试态度，当一名诚信考生。

二、“文明考风，诚信考试”，从我做起，从现在做起。

三、认真复习，积极备考。

四、团结互助，共同进步。

五、严守考纪，诚信应考。

六、面对挫折，永不言败。

七、在不良念头面前，严于自律。

同学们，人无信则不立，生命不可能从谎言中开出美丽的鲜花，让我们从自己做起，奋发向上，诚实守信，为构建文明校园做出贡献！

最后，衷心预祝所有同学在期末考试中取得好成绩！

应用技术学院

2017 年 12 月 5 日

以上是应用技术学院在期末考试之前发给全院同学的诚信考试倡议书，请结合倡议书谈谈你对诚信考试的认识？谈谈诚信考试与道德修养的关系。

第四章　孝 悌 齐 家

第一节　孝 敬 父 母

一、人文箴言

父母之所爱亦爱之，父母之所敬亦敬之。

——孔子

谁言寸草心，报得三春晖。

——孟郊

二、案例导读

大学生如何正确看待孝道

时代在不断地发展，人类在不断地进步，传统的孝道观固然很重要，但作为当代年轻人的代表——大学生，应该有自己独特的孝道观。

根据某校开展的关于道德调查资料显示：有99%的大学生认为“提倡孝道在当代社会是很有必要的”。为何要提倡呢？有60%的人认为是因为爱父母，有37%的人是为了报答父母，而对于不足3%的人则是因为传统道德的束缚。选择爱父母的人认为：“爱”区别于“报答”，“爱”比“报答”汇聚了更深沉、更重的情感。选择“报答”是对父母付出的回报，而“爱”是不计得失的，是发自内心的情感流露。

在关于“大学生面对传统孝道观的不同理解”调查中，有52%的人认为：最不认同的传统孝道观是对父母的完全顺从。当代大学生对这一点是极其反感的，更主张父母与子女之间的平等和双向的交流。调查中有47%的人将“形式”，死板的孝顺也被认为是最不符合传统孝道观的观点。大学生之所以抵制，是因为大学生的孝道观更为理性，更注重孝顺的实际内容和精神实质。从调查结果来看，有24%的大学生对“传宗接代，延续香火”的传统孝道观并不认同。当代大学生认为生育后代与孝顺没有太大关系，更多取决于自己的意愿。生育后代并不是为了延续香火，而是为了家庭的稳定和幸福，并且生育后代的目的和传统孝道也是存在很大差别的，更多出于家庭原因和情感需要。由此可见，大学生在生育后代这一点上更为理性，更加注重内心情感和自身意愿。

通过对大学生孝道观的调查研究发现，大学生仍然继承了许多传统孝道的观点。比如敬重父母，赡养父母等方面，90%的大学生非常认同并乐于奉行。从思想上，他们高度认同当代社会应该提倡孝道并尽孝道，在孝道行为方面，大学生在赡养父母和敬重双亲方面虽然在实际行动和能力方面有所欠缺，但总体上还是让人满意的，而且在很多方面还体现出时代的特色。孝道文化不应该继续泛化和政治化，而应该重新回归家庭伦理，以符合新时代的特点和需求，大学生们对此也是高度认同的，并强调“孝”的双向、平等。

大学生是当代青年中的一个特殊群体，被公认为是高素质的青年群体。大学生们的言行举止会受到社会的普遍关注，对同代人的行为也会产生深刻的影响。首先，有利于弘扬中华传统文化，构建和谐社会环境；其次，有助于培养大学生正确的信仰、塑造完美的道德人格；同时，有益于减少家庭代沟，构建幸福和谐家庭环境；最后，有助于校园文化教育的构建和思想政治教育工作的完善和发展。只有孝观念的深入传递，才能使得其他的人际关系更加和谐融洽，建立良好的社会道德风尚，从而促进构建社会主义和谐社会。

三、知识点链接

（一）孝的涵义

孝是中华传统文化提倡的行为，指儿女的行为不应该违背父母、家里的长辈以及先人的心意，是一种稳定伦常关系的表现。所谓百善孝为先，反映中华民族极为重视孝的观念。孝一般表现为孝顺、孝敬等。孝顺指为了回报父母的养育，而对父母权威的肯定，从而遵从父母的指点和命令，按照父母的意愿行事。

我国古代思想家、儒家学派的创始人——孔子认为：“生事之以礼，死葬之以礼，祭之以礼”是奉行“孝”的全过程。而在《礼记》中也提到：“生则养，没则丧，丧毕则祭”，所以养、葬、祭是奉行孝道的三大问题。其中，重中之重是“事生”，其次是“奉养”；其次是“慎终追远”，它包括有“送葬”和“祭礼”，即悼念父母和先辈祖先。从而我们确定“孝”的本意是“善事父母”。

（二）孝道文化观念

我们必须提倡实行的孝道文化观念，即“尊敬”“奉养”“侍疾”“承志”“立身”“谏诤”“送葬”“追念”八个方面。

1. 对父母要“尊敬”

尊敬父母和长辈，不仅是古代社会文化的延续，更是作为我们现代社会公民必须传承且具备的道德文化素质。“敬”与“爱”相连，尊重我们的父母，爱我们的父母，用发自内心真诚的爱，来表达我们对父母的思想和情感。不要认为父母做的一切都是理所应当的，更不能认为父母老了，对自己是一种负担和折磨。对待父母要和颜悦色，不能用生硬的方式和冰冷的语气，让父母经常保持精神上的快乐，满足他们精神上的需求。

2. 对父母要“奉养”

古代十分重视对父母的“奉养”，即“生则养”。奉养父母是子女的义务。所谓“养”，是确保生活物质条件，不让父母挨冻受饿。然而，无论是城市还是农村，即使父母的生活得到了保障，子女也应该关心父母，满足他们的各种需求。随着社会的进步，对

“孝”的要求也会相应地提高。子女对父母的物质和精神需求都要给予一定的满足。“养”是基本，不能只养不敬，不敬也被视为不孝。在奉养的同时，必须尊敬和爱戴。

3. 对父母要“侍疾”

年老体衰是任何人都不可避免的过程，也是任何人无法逃避的命运。孔子曾说：“父母之年，不可不知也，一则以喜，一则以惧。”为人子女要牢记父母的年龄，一方面，为双亲的高龄体健而开心，另一方面，也要为父母的高龄老弱而担心。人老就容易病魔缠身，子女要带父母及时看病、治疗。子女也要常在父母身边陪伴，安抚。父母生病了，为人子女必须轮流侍候父母，给予更多关怀。

4. 对父母要“承志”

“三年无改于父之道，可谓孝也。”子承父志，是中华民族的文化传统，也是儒家提倡的孝的内容之一。如果有大志留给儿女们去继承，那么他一定是有利于国家并对国家有贡献的人，也就是古时候胸怀天下的人。当然，现今社会生活是丰富多彩的，父母也不会强行要求子女完成遗志，但是，父母生前的交代与未完成的事业，是子女们不可推卸的责任。

5. 对父母要“立身”

所谓“立身”，就是要成就一番事业，也指处事、为人。作为当代大学生要有自己的理想，有为理想不断拼搏的勇气，努力学习各种知识和技能，磨炼自己的意志及坚持不懈的精神，好好照顾自己的身体，保持健康，这是成就一番事业的基本条件。儿女在事业上有成就，父母就会高兴，光荣，那是何等的自豪与欣慰呢！当你为国家民族立了功，得到了更高的荣誉，进一步得到了升华，这难道不是更大的孝顺吗？

6. 对父母要“谏诤”

孔子主张子女要顺从父母，但不是绝对地服从。父母有过错还得要谏诤。如今，父母与子女在人格上是平等的，父母在某方面有不对或错误之处，要勇于提出来。绝对服从的只能是道德、法律与真理，如果父母做了犯法的事情、违反道德的事情或者与常理相背谬的事情，作子女的一定要劝谏，劝其改正；否则，无原则的顺从致使父母陷于不仁不义的困境，或违法的境地，就是对父母的不孝。

7. 对父母要“送葬”

儒家提倡“没（死）则葬”。俗话说：“人从自然中来，最后回归到自然中去，这是符合逻辑的。”通过一定方式把亲人安葬起来，称作入土为安，这是人类良知、理性的表现。安葬之前先送葬，这一环节也是十分必要的。随着社会的发展，送葬也有了更加文明的方式和进程。

8. 对父母要“追念”

儒家认为对父母的孝顺，还需提倡“祭之以礼”，要以崇敬的态度时刻记住父母和祖先。“祭祀”是追念父母和祖先的形式。“祭则观其敬而时也。”“崇敬”和“守时”是祭祀父母的关键。采取适当的文明方式追念父母、先辈。

大量的新闻报道以及身边的实例表明，不论农村还是城市都涌现了大批不孝顺父母、不赡养父母的人和行为。要想建立现代文明社会我们不仅要继承传统孝道文化，还要取其精华，去其糟粕。建设社会主义的特色孝道文化，吸收儒家孝道文化的精华，是我们大学生的重要任务之一。

（三）核心价值观引领下的当代孝文化

“孝”文化是中华民族传统文化的基础与核心，千百年来一直备受人们推崇和礼赞。它作为伦理道德之本，具有广泛的认知度和群众基础。我国孝文化源远流长，它随着历史发展不断演变，我国第一部诗歌总集《诗经》就有记载。加强孝文化建设成为推进社会主义核心价值观大众化的有效途径。《中华人民共和国老年人权益保障法》中规定：一、对老年人实行政府服务优待，给予高龄津贴；保障“三无”“五保”老年人基本需求，医疗住房等社会生活保障。二、卫生保健的优待；三、交通出行的优待；四、商业服务的优待；五、文体休闲的优待；六、维权服务的优待。我国新推出的二十四孝行动准则中“每周不忘打电话，长供父母零钱花；关爱父母说出口，沟通父母心结扣”所提倡的“老有所养”不仅在物质更在于精神上承担。中国政府新修订的《中华人民共和国老年人权益保障法》中规定：不回家看看属于违法行为。要求子女赡养父母。各方面都证实弘扬孝文化至今仍具有不可忽视的重要价值，它利于社会主义核心价值观的社会道德建设。

孝文化展现了中华民族独特的魅力所在，是中华民族文化传承的载体，凝聚着中华好儿女的精神力量。目前，我国正快速步入老龄化社会，据有关部门预测，到 2020 年老龄人口将达到 2. 43 亿，到 2035 年老龄人口将达到 4 亿人。老龄化人口的剧增将会带来老年抚养系数上升、青年人抚养负担加重等物质和精神一系列问题。随着家庭结构的变化，寻求社会保障措施的同时，着重于弘扬孝文化、传承中华民族传统美德，为构建和谐社会，促进社会的发展做出重要贡献。一方面弘扬孝文化首先突出理论创新，理论是实践的先导。设立孝文化研究课题，剔除糟粕，吸取精华。根据时代赋予的孝文化新的内涵，如实现伟大“中国梦”等新元素，而使孝文化与社会主义核心价值观相融合。另一方面传承孝文化，是现代社会乃至未来不可缺失的德行之一。

传统孝道具有科学性与保守性。科学性的体现：一是“善事父母”“以孝养亲”；二是从“尊亲敬亲”，进而将其扩大到社会层面的“亲亲敬长”；三是运用“博爱”的力量，勇于谏诤，追求人格平等。保守性的体现：一是“移孝作忠”“君为臣纲”的封建主张，二是“君臣、父子”的阶级观念，三是主张“后喻”、一味守成的保守文化。现如今社会环境条件等变化迅速，传统孝道显然不太符合时宜观念，需重新审视。当下大学生需找寻一切可行的途径，运用现代社会的优势，采用现代人的方式，建立符合现代生活环境条件的公众接受的具有现代特色的孝道践行规范。

（四）大学生与孝道

孝道教育是中国一切教育的核心来源，更是对大学生开展思想政治教育工作的核心。

首先，大学生的孝道离不开社会。当代“90 后”大学生突出的特点是兴趣多样、积极向上、好奇心强、富有冒险精神、模仿能力强。同时，他们的社会经历不足，对是非的判断能力有限，价值观也未最终定型。这些特点促使他们更容易受到外界环境的干扰，加上媒体传播，大学生易受不良社会风气影响，是导致大学素质教育成效不明显的原因之一。高校应当进一步加强当代大学生对孝道理解的教育，同时也需要社会环境的优化。社会环境的好坏直接关系着大学生孝观念的形成。需要社会的倡导、鼓励和规范，营造出和谐、美好、纯净的道德环境，加强大学生孝道教育与践行。

其次，高校要营造出良好的校园孝道文化氛围。校园文化是隐性道德教育的一部分，优点在于它的感染力、示范力、渗透力，增强了学生的向心力和凝聚力。孝道践行的前提是积淀与营造积极向上、丰富博大的校园孝道文化氛围。当前大学生的孝观念主流是具有良好发展趋势的，但其中也不乏一些冷漠、自私、不孝观念的存在。当下我们要如何有效进行大学生孝道教育和践行是当前高校所共同面对的问题。

最后，重在大学生的自我践行。因社会环境、学校和家庭教育的外因影响，我们必须要引领大学生到实践中去。除了教师的细心引导外，大学生还应具有自我提高和发展的意识。通过各种有效途径，不断增强和提高大学生自我修养和素质，从而更好的去践行孝道。

认真学习科学理论，提高孝道意识。主动了解优秀的传统孝道文化，中华民族育已育人、劝世规人的主旋律就是崇尚孝道。正确感恩，做到及时行孝，这是最容易做到的却是现代大学生最容易走进误区的孝顺之法。

父母为孩子创造了优越的条件，但仍有许多大学生在校不认真学习。当被告知父母时，他们却犹豫说“告诉父母就是不孝”，这就是所谓的孝顺吗？还有些在学校挥霍着父母给予的零花钱虚度光阴，这是对父母最好的回报吗？这些实例都告诉我们，大学生对孝行意识的正确理解是匮乏的，是需要去正视改变的。岁月不等人，当你在外求学时，父母在我们的“拖”和“等”中渐渐老去。也许当有一天你的生活变好了，工作也不忙了才想到家里的父母，此时也许老人已经离开了我们，最后留下的只有悔恨和深深的愧疚罢了。时光转瞬即逝，在不知不觉中没有了你与父母之间的相处时光，不经意间，他们已白发苍苍日渐老去，请及时用你的体贴和理解久伴于父母身旁，用你的实际行动感恩孝顺父母！

四、案例讨论

大学生孝文化节启动

为了传承和弘扬孝文化与雷锋精神，积极吸取“和谐、仁爱、感恩、责任”的孝文化精髓，秉承全心全意为人民服务、助人为乐、无私奉献的雷锋精神，把中华文化优良传统发扬光大，某高校的首届大学生孝文化节隆重举行，这对人际关系和顺、家庭和睦、社会和谐，具有十分重要的现实意义。

活动主题是“学雷锋 · 树新风 · 怀孝心 · 践孝行”，全面弘扬“孝，是一种责任；孝，是一种力量；孝亦是一种感恩！”这次孝文化节活动分为四个进程，一年为期。在此阶段，该校开展主题作品征集，其中包含摄影、DV、书画、孝心故事、孝行创意创新等，并进行评选。创建孝心班级和孝行团队，孝行学子和孝心的志愿者评选，关爱空巢老人社会实践志愿服务和人口老龄化问题的社会调查，孝文化活动总结大会等丰富多彩的活动。全校大学生志愿者以开展向雷锋学习班会、慰问敬老院老人、感恩父母老师等特有的方式诠释了“孝”的涵义，深刻地表达了大学生学习雷锋精神、大力弘扬中华传统“孝”文化的坚定决心。

此次活动把雷锋精神、孝文化作为当代大学生道德素质教育和校园精神文明建设的突破口，在校内大力倡导社会主义荣辱观，弘扬中华传统文化，取得了良好成效。广大学生助人为乐、孝敬老人，做一个道德高尚、乐于奉献的人，引领时代风气，以实际行动为推进社会主义核心价值体系建设、构建和谐社会作出自己的贡献。通过此次的活动能够引起同学们对孝道文化的重视，加强师生之间的交流。作为龙的传人，作为当代大学生有责任将中华传统美德更好地传承下去，将“学雷锋·树新风·怀孝心·践孝行”铭记在心！

问题讨论

1. 孝的现实意义是什么？

2. 大学教育中的孝文化应如何体现？

3. 当代大学生应如何尽孝？

五、拓展提升

大学生版二十四孝全文

纵使风景千般好，不如长假归家早。
儿行千里母担忧，常报平安系心头。
爸妈爱好应尊重，支持欣赏爱更浓。
教会父母用电脑，从此沟通无代沟。
爱要大声说出口，孝道不只在心头。
在家勤快父母笑，父母高兴是孝道。
父母工作辛苦钱，吃饱穿暖不比攀。
身体发肤父母给，同学小聚莫贪杯。
爱情来了虽自由，父母意见要征求。
同学关系似兄弟，同窗之谊要珍惜。
眼前小利终将去，服务同学是真谛。
摩擦矛盾虽难免，沟通体谅是关键。
学好专业不逃课，依靠能力找工作。
蜡烛向来为他人，泪尽方知老师恩。
离开母校常回来，不忘母校育成才。
下苦功夫求真知，奉献社会男儿志。
网游可玩不沉溺，不做宅男逛校去。
面对生活要积极，怨天尤人当舍弃。
远大理想不可少，脚踏实地莫忘掉。
明辨是非要理性，善于选择才聪明。
道德实践是必要，修炼自身要记牢。
服务社会多实践，力所能及去奉献。
社会问题看国情，从我做起不愤青。
践行核心价值观，实现中国梦不难。

推荐书籍：《孝心不能等待》 作者：何庆良
《中国孝文化概论》 作者：肖波
推荐电视剧：《老有所依》《搭错车》

第二节 关 爱 家 人

一、人文箴言

天下无不是底父母，世间最难得者兄弟。

——《幼学琼林》

为人父母天下至善，为人子女天下大孝。

——《格言联璧》

二、案例导读

大学生的“一封家书”

某高校在感恩节来临之际，开展了以感恩为主题的系列活动，其中有这样一个环节很受学生们喜欢，也让学生内心深处受到了触动，就是“一封家书”活动，为父母或者家人写一封信。

孩子长大了，离开父母，远离家乡，很多学生往往忽视了与父母的沟通和交流，把更多的精力和时间用在了与朋友玩耍，不经常与父母沟通，更多的是父母打电话问候，而不是主动关心父母。很多学生在与父母打电话的过程中经常出现这样的话语——“有事吗”、“我忙着呢，回头给你打”、“好了好了，我知道了”……回想起来，这样的情况太多了。通过“一封家书”的活动，唤起了同学们心目当中沉睡的爱，大家究竟有多长时间没有问候父母了，有多长时间没有与父母好好地聊一聊。

90后的孩子，不少是独生子女。有人说，独生子女感受不到亲情；有人说，亲情是独生子女读不懂的课程。究其原因，从小就集众人之爱于一身的“小皇帝”、“小公主”，被爱包围着长大。自然而然，把家人给予的爱当成了理所当然。通过这一活动，寄一纸卡片、写一封家书、发一个短信、打一通电话，一时间感恩之情弥漫校园。

有的同学在信中这样写道：“过去十九年，辛苦你们了！从小到大，为了我的事你们操碎了心。真的谢谢你们，女儿慢慢长大，也愿你们一切安好！”

通过这样的活动，同学们懂得了要体谅父母的心情，在今后的大学生活中给父母的不仅仅是“饭吃了，澡洗了，在宿舍”三句话，而是要学会与父母分享生活中的欢乐、忧愁。

三、知识点链接

关爱家人是耳熟能详的话题，提起关爱家人，首先能想到众多与之相关的成语，譬如嘘寒问暖、关怀备至、问长问短……每个人都有家，有家人有亲人，家人的关爱，就是在天气渐冷的时候，有人叮嘱加衣；肚子饿的时候，有人端上热气腾腾的食物；在外面工作累了烦了或有成就了，有人问长问短，分享你的痛苦或者快乐……总之家人无论在任何时候都会为你着想。而对于家人的关爱，要有正确的方式表达。

（一）尊敬长辈

在家里，晚辈对长辈的礼仪，除了父母以外，还有爷爷、奶奶、外公、外婆等长辈。对于长辈，要处处尊敬，讲究礼貌。尤其要注意如下“五要”。

1. 要在礼仪上做到“三忌”

（1）在长辈面前忌“抢”。长辈在讲话时抢说，进餐时抢先用筷夹菜。

（2）在长辈面前忌“野”。当长辈说的话不符合实际时，切忌失态地说些失礼的话。

（3）在长辈面前忌妄自尊大。对长辈应谦虚有礼，不能直呼其名。

2. 要正确使用称呼

比自己父母辈分大的，称呼爷爷、奶奶；与自己父母同辈，但岁数大的，称呼伯伯、伯母；与自己父母年龄相仿或比父母小的，称呼叔叔，阿姨。

3. 要在敬老方面做到四条

（1）要孝顺父母。何谓孝顺？“孝”是指要尽心赡养侍奉父母，“顺”是指要顺从父母的意志。第一，孝顺是一种传统美德，孝顺父母历来是天经地义的事情。孝顺是非常重要的，一个孝顺的人，是一个可以让别人更尊重你、爱你的人；第二，可以改善你和爸爸妈妈之间的感情；第三，你会很开心，因为你每天看到妈妈和爸爸开心；四是孝顺父母，你的孩子也会孝顺你，因为每个人都将会老。比尔·盖茨说：“世界上最不能等的是孝顺而不是商机！”“树欲静而风不止，子欲孝而亲不待”，用你的心来接近你父母的心！关心你的父母，帮助你的父母！如果你有烧香拜佛的习惯，我希望你回家拜拜父母！父就是天，母就是地啊！“百善孝为先”，孔子说，“给了你生命的人，如果你不知道感谢就是不孝不敬父母，忘记过去，就等于背叛自己！”

（2）主动关心问候。在家里，要主动向长辈问好问安；长辈身体不适，应主动照顾，要端药送水，问寒问暖；逢年过节要向长辈送礼、问候、祝福。要代代相传，以身示范。

（3）听从长辈教诲。尊敬长辈，要孝顺体贴，言辞温婉，听从长辈的正确教诲，不随便顶撞，有不同想法，可同长辈商量，心平气和讲道理，不与长辈闹对立。

（4）分担长辈的忧虑。孝敬长辈，就应该体谅长辈的艰辛，尽可能少让长辈为自己操心，多为长辈分忧解难；在长辈有困难时，尽力去关心照顾长辈，协助长辈；刻苦学习、努力工作，热爱生活，家庭和睦，让家人少为自己的学习、工作、生活担忧。

4. 要在爱老方面做到三条

（1）关心长辈的健康。长辈劳累时，应主动请他们休息；要力所能及地承担家务劳动。当长辈情绪不佳时，要格外小心谨慎，要理解他们的烦躁心情，切忌与他们争辩。

（2）理解长辈。长辈因为年纪大，说话比较唠叨，我们做晚辈的不该有厌烦情绪，也不应粗暴地打断他们的絮语，要充分理解他们的良苦用心。

（3）体谅长辈。长辈都希望自己的孩子健康成长。犯了错误受到长辈的批评和责怪时，应该耐心听完，不顶撞。应该明白他们是出于关心、疼爱的初衷，努力改正自己身上的缺点和错误，让长辈放心。

5. 要在助老方面做到两条

（1）参与家务劳动。我们都是家庭的成员，应承担必须完成的家务劳动，哪怕是吃饭时摆筷子，餐后洗碗筷、扫地，整理自己的房间，打扫家里的卫生，接待客人。不要光强调“自己的事自己干”，还要强调“家里的事情主动干”。

（2）外出乘车、船，要主动助老，给长辈让路、让座。上下车时，扶他们上下车，或提拿物品。

除了上面提到这些之外，晚辈对长辈的礼仪还包括对左邻右舍孤寡老人的关爱，在日常生活中，要给予尊重和照顾，当他们遇到困难时，要及时给予帮助。

（二）团结同辈

一个家庭能否愉快和幸福，兄弟姐妹的关系占据着举足轻重的地位。兄弟姐妹间互相体贴关心，互相帮助，长爱幼、幼尊长，产生矛盾时互谅互让，生活在这样的家庭环境中，必然觉得心情舒畅，十分幸福。然而，兄弟姐妹天天相处，出现纠纷和矛盾是难免的。如何才能避免将小事弄大，不伤兄弟感情呢？这就需要了解兄弟姐妹的相处之道。

1. 互相友爱

友就是和善相处，爱就是亲厚相待。兄弟姐妹互相有爱，会让父母感到快乐，这也是孝顺的表现之一。一个人能够与他人相互合作，从兄弟姐妹之间的友谊开始。如果不能兄友弟恭，哪能长幼有序，敦亲睦邻，为人友善呢？假如兄弟姐妹不互相友爱，不和顺，轻则形同陌路，重则大打出手，极其影响家庭团结。

2. 相互礼让

我们时常会看到兄弟姐妹小时候就相争不让，长大以后，为争家产对簿公堂，甚至手足相残。兄弟姐妹之间应当相互帮助，虽然是同父同母所生，但在智力体力方面，仍会有差异，在未来的成就上也有所不同。一些富有，一些贫穷，都必须互相帮助和支持。兄弟姐妹们可以互相帮助，相互合作。

要相互劝善规过，进德修业。兄弟有手足之情，相互影响很大，凡事最好商量，最易合作共事。但不可狼狈为奸，互陷于不义。当兄弟做错事时，要劝善规过，切不可同流合污。

总之，兄弟姐妹“本是同根生”，这种江海深情是其他任何关系也无法代替。切不要因争一时之气，或为了身外之物而破坏了手足之情。在各种人际关系中，兄弟姐妹关系是最真诚而持久的，是亲密和友谊的象征。

（三）关爱晚辈

在校大学生家中的同辈也许已经有了下一代，而这下一代自然成为大学生在家中的晚辈，晚辈往往年龄幼小，如何正确对待家中的晚辈成为许多“还是孩子”的大学生面对的难题。要做到关爱晚辈，应从五个方面做起。

1. 信赖

小孩特别期望获得大人肯定，尤其是爸妈的信赖，因此对小孩讲话时要显现出充足的信赖。例如小孩想学打羽毛球，你用信任的口吻讲：“星星，只需努力学，专心学，肯定可以懂得打球的。”这看不见摸不着中便给了小孩自信，并让他清楚，唯有坚持方可得到成功。千万不要用讽刺的口吻，这会给小孩的自尊心带来伤害，让他对自己的综合能力产生自卑感。

2. 尊重

从两、三岁起，小孩的自我观念就开始萌芽，伴随着年纪的增加这一种自我观念会越发强烈。小孩有了自己的些许想法，当他提出与自己不一样的想法与要求的时候，应当用尊重的口吻：“那你再玩一小会儿，但是，玩完啦，可必须要学英文。”小孩就愿意接受啦。

3. 讨论

每一个小孩均是有自尊心的。想让一个孩子做一件事，可用讨论的口吻，叫他想清楚，他同你是公平的，你是尊重他的。比方说，你想要小孩把地面上乱扔的玩具整理收拾下，可如此讲：“星星，玩具乱扔，多不好的习惯啊，你跟妈妈一块儿把玩具整理一下好不好?”你不能使用命令的语气，不然，小孩听你责怪，内心便会产生厌烦，尽管按你的请求去做，也是不高兴的。

4. 赞美

每一个小孩均有长处与表现欲，发现小孩的长处并给予赞美，会让他越发愿意表现。小孩画了幅画，可能画得不是非常好，可小孩画画的热情与专心即是最大的长处。当小孩把画捧给你看时，不可以轻描淡写地应付几句，这样会让小孩对画画失去热情与自信。应当用赞美的口吻肯定他的作品。小孩的表现欲有了满足，有了愉快的心情体会，对画画便会更加有兴致。

5. 勉励

要求小孩做到没过失，这大概是不太可能的。当小孩犯了错误，别一直指责责怪，而应帮他在过失中汇总教训，累积经验，勉励他又一次尝试并成功。例如，小孩首次帮母亲端饭碗失手掉到地面上打碎了，你不可以责怪他，这样会打击小孩尝试新东西的自信与胆量。应当用勉励的口吻，既教给实践的方式，又给了小孩又一次尝试的自信。

四、案例讨论

大学生与家人沟通的现状

为提升大学生的人文素养，某学院开设人文素养课程，包括四个讲座和“十个一”的系列实践活动，其中一个实践活动为“一封家书”。在设计实践活动的过程中，学院对目前学生与家人沟通的现状进行了调查，调查结果如下：

关于与父母电话沟通的频次，有60%的学生会与父母保持每周一次的通话，27%的大学生每周打多次电话，有9%大学生每天打一次电话，而4%表示很久才会一次。有36%的大学生经常想家，47%偶尔想家，不太想家占11%，不想家、较为独立的大学生占6%。大学生给父母打电话能聊多久？45%的大学生与父母通话时长控制在6~10分钟；36%大学生与父母通话时长在11~30分钟，7%的大学生与父母能聊半小时以上，有

12%的大学生与父母通话时长在5分钟以内。

大学生给家里打电话都聊些什么呢？24%的大学生会跟父母聊学习近况，27%的大学生则会谈起学校里的有趣经历，21%的聊天内容偏向闲话家常，有28%的大学生聊天会涉及生活费相关问题。这个大学生亲情数据，大学生们怎么看？某报记者通过朋友圈进行了调查。

这是大学生亲情调查问卷评选出最让父母家人心裂的几句话：（1）你别管我；（2）我在忙，没空；（3）不回家了；（4）说了你也不懂；（5）好了好了，我知道了。其中“你别管我”列居榜首。请在与家人沟通在产生分歧时，应避免说出这些话。大学生郭某说自己几乎每天都要跟父母联系，相比微信上的文字，更喜欢视频、电话等联络方式，觉得更有亲切感。

“类似于‘我很忙’、‘说了你也不懂’之类的话，其实从青春期开始就一直在说，刚开始父母往往会骂我两句，但现在他们再听到我这样说时，通常都选择沉默。”郭某说，在这短暂的沉默里，自己能切身感受到父母难过的气息。“有时候父母的确很啰嗦，为了能尽快结束话题，就只有说‘我很忙’。”

问题讨论

1. 如何认识亲情？

2. 如何理解感恩？

3. 当代大学生通过怎样的方式“齐家”？你应该怎么做？

五、拓展提升

班 会 活 动

班会主题：感受爱，接受爱，付出与分享爱。

班会目的：引导学生关爱长辈，建立良好的精神关系，通过你与家人身边的小事体会父母对你的关爱，并以恰当的方式表达对他们的感激与尊敬，培养正确的家庭观念，建立密切的物质关系和精神层面。

班会形式：让同学们以口述的方式分享“家”的概念。

班会准备：（1）回忆家人与你之间爱的小故事；

（2）反思与处理好这种关系；

（3）写一封感恩的信函或祝福的贺卡，制作微信相册等。

班会记录：

第五章　诚 信 友 爱

第一节　友 情 之 道

一、人文箴言

人之相识，贵在相知；人之相知，贵在知心。

——孟子

朋友之交不宜浮杂。

——《抱朴子》

二、案例导读

大学生寝室同学关系

大学期间，最亲近的莫过于寝室同学。几个人每天一起上课、吃饭、游玩，有知心话总是和室友说，恋爱了、分手了、遇到解不开的问题了，都会和室友分享。你是睡在我上铺的兄弟，你是我睡在上铺的姐妹……因此，寝室同学的关系成为了大学生在校最看重的一种友情和人际关系。

作为老师，经常看到很多同学在朋友圈里晒好友，给室友过生日，特别是在临近毕业时，各种感言、各种不舍、各种留恋……看到这些，让人感动。有个学生毕业一年后，在朋友圈里这样写道："我很想你们，喜欢听到你们叫我大姐"；有学生毕业时，当室友都已经各奔他乡，他这样写道："大学四年，唯独今天就剩我自己，扎心的感觉"……大学校园里，室友给了太多的感动和不舍。

而也有部分寝室同学因为生活上的摩擦、语言上的不和，影响了寝室的和谐氛围，让自己也让他人不快乐，而这些问题多数是由性格不同、处事方式和生活习惯的不同引起的。实际上，重新回味，这些插曲都很微不足道。

大学生寝室关系是大学生人际关系的一个基本环节，寝室人际关系和谐与否直接影响着大学生学习、生活、工作的情绪状态。因此，寝室同学关系是大学生最看重的友情关系。

三、知识点链接

（一）友情

关于朋友，我们中国是十分看重。"高山流水觅知音""飞蓬各自远，且尽手中杯"等一系列故事是友情的深刻表现。“在家靠父母，出门靠朋友”，这句话就说明了朋友的重要，又说明了朋友的作用在于依靠，更在于相互依靠。

真正的友情是两个独立人格之间相互认可，达到共鸣的过程。它不被功名利禄所染指，它拒绝归属于契约；它使人们“独而不孤”，互相解读存在的意义。真正的友情不依靠事业、祸福和身份，不依靠经历、地位和处境。

人的一生需要接触很多人，所以会有两个层次的友情。宽泛意义的友情和严格意义的友情，没有前者未免拘谨，没有后者难以深刻。

宽泛意义的友情是一个人履历的光明面，但不管多宽，都要警惕邪恶，防范虚伪，反对背叛；严格意义的友情是一个人终其一生所寻找的精神归宿。但在没有寻找到真正友情的时候，只能继续寻找，不能随脚停驻。因此，我们不能轻言知己，一旦得到真正友情，我们要倍加珍惜。

莎士比亚说过，生活中没有友情就像没有太阳。人世间最美好的东西也莫过于两颗相知的心。如果要想得到友情，每个人都必须付出真诚。能学习你的长处，补足你的短处，随时能够原谅你过错的人才是你的朋友。有些人只见过一次面就成为了心心相印的朋友，有些人认识了很多年却始终没办法做成真正的朋友，从幼时一起玩捉迷藏的小伙伴，到中学时一起撞上“青春期”，再到大学时一起畅谈爱情观、世界观，追寻在未来道路上的姐妹兄弟。这些出现在你成长中的朋友不会重叠。当你步入社会，新的环境下又会结识新的朋友。

这时，你回过头看看，谁从始至终站在你的身边，他们不是没因环境而改变，而是他们懂得互相体贴，相互谅解。朋友贵在精，不在多。有句话说得好，“人生得一知己足矣”。

（二）大学友情

友情主要表现为阶段和年龄的不同，理解、信任和忠诚是青少年阶段对朋友的定义。从主观方面朋友具有以下特征：（1）相似性：朋友有一定相同的条件。例如，生活背景的相似（如居住地、家庭背景、阶层等级）、生活特征的相似（如年龄、性别、长相、身高）、心理和行为习惯特征的相似（如能力、兴趣、价值观、学识、性格、行为）。（2）平等性：朋友在交往过程中相互尊重、相互信任、学习娱乐、合作的平等。（3）控制性：朋友在交往过程中产生竞争、攻击行为以及单向的要求和服从。（4）互相喜欢：彼此的情感联系和相互依恋。（5）亲近性：朋友之间的自我暴露。（6）忠诚性：彼此的联盟和互相支持。后三种是友谊关系特有的特征，是衡量友谊质量的关键指标。在友谊关系特有的特征中，互相喜欢、彼此忠诚、互相支持是衡量友谊稳固的关键特点。

作为认知发展的背景因素，友情关系的功能在于：其一，友情关系促进人们交流思想、分享情感、互相合作，因此为个人的社会发展和社会经验的获得提供独特的机会；其二，在冲突解决和共同任务活动中，友情关系使人们更容易交流信息、协调一致，因而使问题解决和共同活动更有效率，从而促进社会认知能力的发展。

（三）大学生如何交友

1. 尊重别人，不戴有色眼镜看人

校园里，我们会看到形形色色的人。为我们搞卫生的阿姨，看守宿舍的门卫叔叔，他

们拿着微薄的工资，做着很辛苦的工作，不要摆出一副轻蔑的样子，那样显得个人很没有素质；老师在课堂上讲课时，你迟到了，要尽量从后门进，不要从前面砰砰的把门一甩；看见一个在你眼里显得有些“土气”的同学，不要显示出高傲的姿态，别带着瞧不起的眼神。没有人喜欢一个不讲礼貌的人，也没有人会喜欢一个不尊重别人的人。当你学会去尊重别人，把握好了生活行为的细节，带着一颗友爱的心善待生活，你内心的正能量就会向四周扩散了，自然会吸引人来赏识你，和你结交友情。

2. 不在背地里言论别人的是非

每一个人都是不完美的，都有自己的缺点，再美的宝玉上都有瑕疵。俗话说：“金无足赤，人无完人。”再亲密的朋友也是，所以不要说人是非。有些人在别人的背后总是喜欢谈论别人的缺点、缺陷，有些人甚至还加以讽刺……当一个人说出了那些话，内心的狭隘和肤浅就充分暴露无遗了。至于对别人的不满，当面或者写信加以诉说交流，千万不要背地里加以诽谤和报复。有时候，一个朋友的离开，是在一句话上。言语中能看出一个人的品质，我们要管好自己的嘴。背后说人坏话的人往往被人加上“长舌妇”、“乌鸦嘴”等，这些词就很不好听，是吧？

3. 学会保守朋友隐私，坚守自己隐私

“如果你把秘密告诉了风，那么就别怪风把秘密告诉了树。”这一句话充分说明了秘密难以保守。朋友愿意把秘密告诉你，你是他心中最信赖的人，我们只有对最信赖的人才去诉说自己的秘密。知道了朋友的秘密，最主要的是保守。一旦泄露了出去，你们之间的信任感就会下降。自己的秘密，最明智的是自己坚守，不要对任何人说，如果憋着难受，向陌生人或者是大自然倾诉吧，或者是以记日记的方式写出来，一样能解决你的苦恼。

4. 不记恨，学会包容

在日常的生活中，任何一个人都会与其他人产生摩擦，亲密无间的朋友间又何尝不是呢？如果朋友不小心犯了一个小错，要学会宽容，不要耿耿于怀，自己不是一样也会犯错误吗？大学四年说长不长，说短不短，如果在记恨中度过，会充满遗憾。与其忧愁，不如快乐。在我们往后的回忆之中，曾经受到的挫折、打击都是浮云。

5. 做到泛泛之交和至交

学会泛泛之交。很多人交友时，可能会出现一个大误区，就是只能交本专业的。可是交友不能局限在本专业，还应该拓展到其他专业，这都是你魅力的重要因素。学会与老师交友，在大学里能遇到一位好老师也是很重要的，他的学术和思想能给你很多的指导；与特困生交友，你应该理解他们承受了很多你所没有想到的苦楚，从他们身上会让你看到很多优秀的品质，勤劳、善良、朴实等；学会网络交友，可以与网友去倾诉和交流，但值得注意的是，不能沉迷在虚拟之中，不要轻易见网友，注意人身和财产安全。

学会至交。有几个至交，是大学的生活中必不可少的，他们是你的大学生活中，交流最频繁，回忆最多的几个人。在交友的过程中，如果符合你的至交标准的话，就珍惜吧。至交，不仅能陪伴你过四年，而且在人生旅程中能陪你一直走下去。无论是一般的朋友还是至交好友，我们要鼓励和批评，要一起学习，一起进步，一起成长，一起奋斗……

四、案例讨论

“口罩男”当街砍死大男孩

2013 年 5 月 9 日，一起“口罩男”在地铁口杀人事件，让我们每一位老师都感到触目惊心，感到十分惋惜。那天，下起了小雨，好像也在为这悲惨的一幕哭泣和叹息。

杀人者是李某，沈阳某高校在校学生。那天，他戴着口罩，在沈阳一地铁口当街追砍一名身穿半袖白 T 恤的年轻男子，身中至少 9 刀后，白 T 恤年轻男子倒地……当时，“口罩男”挥刀刺向“白 T 恤”的腹部，“白 T 恤”转头向南狂奔，行凶者在后追赶，双方相互撕扯，期间“白 T 恤”连连中刀。

李某在被捕时称，死者是他的高中同学，杀人原因也很简单，仅仅是怀疑同学传话，产生的仇恨种子竟在 5 年后发芽，最终将尖刀刺向同学的心脏！李某与死者是高中室友，曾经由于小事而让李某产生了心结，并使心结无限放大，以至影响了以后的生活和学习。他总觉得别人说他坏话，已经没法正常生活、学习，已经承受不了这样的压力了。李某高中时，由于承受不住压力而转学，但是到了新的学校，依然感觉有人在他背后指指点点。刚刚考入沈阳某院校时，感觉终于听不到别人的骂声了。但是一段时间过后，他再次感觉到同学在他的背后指指点点，甚至路人都在议论他。李某再也承受不住了，于是在 3 月末，决定找到同样在沈阳某院校读书的陈某和解。但是，陈某否认自己曾经向他人诋毁过李某。李某得到这样的回复，心中怒火燃烧，萌生了杀害陈某的想法。从 4 月初开始，李某开始尾随陈某。一个月后，将尖刀刺向了陈某。

一个心结，让两名年轻人失去了美好的未来。

问题讨论

1. 如何看待同窗情？

____

____

____

____

____

2. 如何正确处理同学关系？

____

____

____

____

____

3. 当代大学生如何树立正确的友情观？

五、拓展提升

大学里的“朋友圈”

大学校园里，大学生根据各自的兴趣、爱好，结成了一个个或松或紧的交往圈。这种交往圈，大概可以分为学习型、娱乐型、社团型、老乡型等类型。

1. 学习圈

这个圈子的同学是学习实力派。每天奔波于教室与自习室之间，全身心投入学习，积极参加各种考试，如英语等级考试、计算机等级考试、国家司法考试、注册会计师考试或其他实用的热门证书考试，增强自身的“含金量”。

2. 娱乐圈

大学生幽默地给这个圈子的同学起了“驴派”（经常出去旅游）、“旋派”（经常跳舞）之类的绰号。这个圈子的大学生，都爱好某种娱乐活动，如体育、文艺等。喜欢体育运动的学生，课余时间经常在一起活动，不仅内部“操练”，还经常主动“出击”，寻找别的班级打对抗赛，力求把活动搞得有声有色；喜欢旅游出行的，总是在节假日约在一起，游览各地的山山水水，乐在其中。

3. 社团圈

学生社团是大学校园里一道亮丽的风景线，是校园文化的重要载体。社团有理论类，如邓小平理论研究会；有实践类，如社会实践协会、公关协会、外语协会、舞蹈协会、广告协会等，涉及各个方面。许多大学生通过社团培养能力，增长才干，同时也会结交一群志趣相投的朋友。

4. 老乡圈

我们中国人非常注重“乡土”观念，“老乡见老乡，两眼泪汪汪”是这种心态的真实写照，对初次离开家门的大学生来说，这种心态更为严重。20 世纪 90 年代以来，“老乡会”逐渐成为大学校园里的一“热”，是大学生的一个重要交往圈。大学校园里老乡会具有三大特点：一是以地域上的“同乡”为基础，由来自同一地区的学生组成，大的以省为界，小的以地、市为界，可视规模、人数做灵活的调整。二是具有封闭性，以老乡的感情维持，对内是一种比较亲密的人际关系，对外则具有封闭性和排他性，非本地区者谢绝加入，最多只能“列席”会议。三是老乡会的活动时间相对比较集中，一般集中在9、10月份新生入校期间和5、6月份毕业生离校期间。

第二节 爱情之道

一、人文箴言

真正的爱情能够鼓舞人，唤醒他内心沉睡着的力量和潜藏着的才能。

——薄迦丘

友谊和爱情之间的区别在于：友谊意味着两个人和世界，然而爱情意味着两个人就是世界。在友谊中一加一等于二；在爱情中一加一还是一。

——泰戈尔

二、案例导读

女学生因情被砍身亡

2014年3月21日上午，某高校发生一起凶杀案，一女学生被砍身亡，据说是情杀，凶手来自校外，砍完人后，凶手提刀坐车而去。

死者是刘某，江西人，一名大四的女学生，24岁；杀人者王某，是一名离异中学教师，46岁，两人曾经是男女朋友关系。刘某曾经在王某家中为王某的孩子当家教，两人产生感情，并谈起了恋爱，王某是刘某唯一的一位男朋友。临近毕业，刘某面临就业选择问题，父母希望她回到家乡，而刘某不想，她与父母公开了这段感情，父母毅然反对，在父母的压力下，刘某决定与王某分手，无论王某如何挽回，都没有办法。为了躲避王某的纠缠，刘某甚至换了原来的手机号码。案发当日，王某开车前往沈阳某大学去堵刘某，准备和刘某好好谈谈。去时，王某将尖刀揣到了兜里。两人在校园内谈了几分钟，刘某说什么也不同意重归于好，并将家中已经给她介绍了新男朋友的事告诉给了王某。失去理智的王某挥刀相向，连续扎了刘某十余刀。

就这样，一个40多岁的离异中学老师和一个风华正茂的在校女大学生的一场“畸形恋”，导致在大学校园里发生了这样悲惨的一幕。

三、知识点链接

（一）爱情

爱情是人与人之间的强烈的向往、亲近、依恋，以及无私专一并且无所不尽其心的情感。它通常是情与欲的对照，爱情由情爱和性爱两个部分组成，情爱是爱情的灵魂，性爱是爱情的能量，性爱的先决条件是情爱，性爱是情爱的动力，只有如此才能达到至高无上的爱情境界。

在汉文化里，爱就是网住对方的心，具有亲密、情欲和承诺、依恋、情感的属性，并且对这种关系的长久性持有信心，也能够与对方分享私生活。在爱的情感基础上，除了爱的跨文化差异，随着时间的推移，关于爱情的观念也发生了很大的变化。

爱情是人性的组成部分，狭义上指情侣之间的感情，广义上还包括朋友之间的爱情和亲人之间的爱情（即爱的感情）。

（二）大学里的爱情

大学，是滋生爱情的地方，少男钟情、少女怀春，一旦遇到合适的土壤，就会播种下爱情的种子，绽放出绚烂的爱情之花。象牙塔里的爱情故事，有一点纯洁和青涩，有一点诗意和朦胧，也很浪漫精彩……不必考虑今后，只享受这一季，可以哭，可以笑，可以无拘无束，没有成人恋爱的纠缠与众多的考虑元素。相思的酸楚，相恋的幸福，相伴的温馨，相爱的甜蜜，还有曾经受过的伤，无法忘却的痛……到了大学，恋爱成为最为常见的事情。

大学四年，是人生中最轻松的四年，也是人生中最后的纯真年代。这时候的爱情无疑是最纯真的，不掺杂一丝杂质，都是发自内心的爱，这远比走上社会后的爱情要美丽单纯。等你走上社会后，再想找到大学这样美丽的爱情，那就难乎其难了。

这样说没什么错，假如有一天你遇到了她，那么就去爱吧，表达爱，付出爱并收获爱。如果你有充裕的时间慢慢酝酿和呵护一份感情，身体会变得精力充沛，目光有神。更重要的是，你会第一次深刻体会到，一份关爱可以发出怎样的光芒，一个眼神可以缔造怎样的信念，一个生命可以得到怎样的尊重。也许你会失恋。哪怕失去了爱情，你仍然会得到很多东西，至少你明白了什么是爱，怎样去爱，明白了你的价值可以张扬到怎样的程度，在你走上社会之后，变成沉稳、冷静、清醒的判断。

所以，不要犹豫，当爱花开，就不要错过。如果没有，那就耐心等待，属于你的缘分会盛开在你最美丽的时刻。面对爱情，大学新生没有理由望而却步、漠然视之，更没有理由游戏人生。你唯一应该做的是：承认爱、接受爱、担当爱、享受爱。

（三）正确辨析友情与爱情

友情是纯粹的互相关心，互相帮助；爱情则是一心一意，愿意共同度过最幸福和最艰难的时刻。友情是有界限线的，而爱情是无界的。如果是朋友，请不要越过界限。如果是恋人，请珍惜对方，真心以待。

友情和爱情区别在于：第一，建立根基不同。友情的根基是“理解”，爱情的根基是“爱慕”。友情最重要的根基是彼此了解，不仅是长处优点，还要包容缺点。只有这样，才能产生友情。爱情则不然，它是对对方的美化，视作理想后产生了恋爱，贯穿其间的全过程的心意相通的感情。第二，地位不同。朋友之间地位平等，立场相同，彼此无须客气，互不增添烦恼；爱情则不然，它具有一体感，身体虽二，心却为一，两者之间不是互相碰击，而是互相融合。第三，体系不同。友情是开放的，爱情则是关闭的。两个人友情的坚固，当遇见人生观与志趣相同的第三者、第四者等想加入的话，大家都会欢迎。爱情则不是，两人的恋爱，是具有排他性。如果第三者从旁加入，从心理来讲，便会产生嫉妒心理和排除异己的行为。第四，心境不同。友情充满“充足感”，爱情则充满“欠缺感”。当两个人是亲密的好朋友时，彼此都有满足的心境：但当两个人一旦成为情人时，虽然初期会有一时的充足感，可不久之后，就生欠缺感，总希望有更强烈的爱情保证，经常有一种“莫名的欠缺”尾随着，有着某种焦灼感。

（四）大学生怎样看待爱情

1. 相信缘分

记得一名学生这样说道：“老师，我想谈恋爱，大学里的女生好看的太多了”。像这样不明确恋爱目的，为了恋爱而恋爱的学生不占少数。恋爱也需要缘分，而遇到缘分，需要及时勇敢地抓住，好不容易来到了身边，如果没有好好抓住，它也会像风一样地很快流走；相信缘分，也要勇敢地放手，爱情燃尽后，情人选择了分手，也是缘分已尽。

2. 敢于表达

爱情应该表达。自己的爱情，自己去争取，去表达。有的人不敢表白，归根到底就是面子在作祟，缺乏自信。当你说出口的时候，那句话会让她记住很久，开始注意你……大可能，一段情感就此诞生。万一被拒绝，就当做一次失败的经验，锻炼下自己的意志。

3. 懂得去爱

当我们拥有爱情的时候，怎么去爱，成为了我们的必修课。首先，我们需要懂得分享和担当。顾瑞荣在散文集《分享生命的绽放》中这样写道：“爱是无我的，无私的，所以当你拥有，你就与爱人分享…… 你在分享中拥有，因为你在拥有中分享。”然后要彼此尊重，为了爱情的新鲜和美感，保持适当的距离。最后，敢于认错。一旦发现自己的行为举止或者是语言冒犯并伤害了对方，第一时间需要做的就是道歉。道歉时，态度要诚恳。

4. 学会放手

生活就是这样，你喜欢的东西，你不一定能够得到。而爱情也是，你喜欢的人也不一定喜欢你。这很正常，而在这些之间，我们应该要有的气度就是：尊重爱情的选择，学会放手。

你有权利喜欢别人，别人也有权利拒绝你。对于爱情不可强求，只可尊重。有些人喜欢死缠烂打，步步紧逼。拒绝了，甚至采取了极端的手段报复，最后闹得彼此难堪。

5. 做到专一

马克思主义爱情观对于爱情的定义是这样的：“爱情就是一对男女，基于一定的客观物质基础和共同的生活理想，在各自的内心中形成了对对方的最真挚的仰慕，并渴望对方成为自己终生伴侣的最强烈、最稳定、最专一的情感。”在当今的社会里，诱惑太多，专一很可贵。如果能遇到一个专一的人，就应该倍加珍惜。很多人亵渎爱情，但是也有许多人去捍卫爱情。

6. 感谢恋人

感谢恋人，他们欣赏过你的优点；感谢恋人，他给了你无缘无故的爱，无论你是否接受，珍惜自己所爱的，尊重别人的爱的人，才能被别人尊重；感谢恋人，让自己学会了成长，让自己在爱与恨中找到了平衡的支点：成熟与坦然；感谢恋人，陪伴自己走过了曾经；感谢恋人，给自己一份美好的回忆。

四、案例讨论

大学生谈恋爱是弊大于利还是利大于弊?

2016 年，在某校的辩论赛中，有这样一个辩题，大学生谈恋爱是弊大于利还是利大于弊。双方同学都详细地阐述了自己的观点。

正方观点：大学生谈恋爱利大于弊

大学生恋爱在各高校已是普遍现象，如今的大学生基本也都正处于恋爱期或爱情产生期，在这一时期的大学生对恋爱的向往是极其正常和积极的。恋爱过程中，青年的自我概念受到对方的影响而发展，真正懂得了如何在保持自身独立性的前提下调整自身缺陷以适应对方，为了在心爱的人面前表现得更出色，很多大学生在各方面都取得了进步。大学时代的恋爱很少有金钱的困扰、世俗的虚伪，是比较真挚单纯的。

但是，如果我们不站在时代的前列，一味强调大学生恋爱的个别弊端而忽视了大学生恋爱对身心成熟发展的重要意义。控制甚至禁止大学生恋爱，则会激发他们更大的好奇，物极必反，扭曲和误导大学生的恋爱观，使他们误入歧途。从而影响其今后的发展和生活，导致严重的后果。所以我们不能愚昧，片面地强调恋爱的个别弊端，这种一叶障目的做法是不可取的。

综上所述，我们只有正视大学生这一特殊阶段，尊重学生的心理需求。看到大学生恋爱对其发展的重要性，正确引导，才能与时俱进，求得发展。所以，基于以上理由，我们认为大学生谈恋爱是利大于弊。

反方观点：大学生谈恋爱弊大于利

由于大学生恋爱动机简单，许多大学生在恋爱中没有考虑到将来的结婚，不是清楚自觉地意识到应选择一个终身伴侣，他们恋爱，只是因为需要爱和被爱。其次，大学生自控力与耐挫力较弱。大学生一旦陷入热恋之中，往往不善于控制自己的情感，任感情随意放纵，缺乏理智的驾驭能力，对恋爱对象过分依赖，稍有波折就痛苦万分。一旦恋爱受挫，便会情绪失控，无法自拔，对学习造成严重影响。还有当前大学生的恋爱，呈现低年级化。这些低年级学生，由于社会阅历浅，思想单纯，容易造成在对待恋爱问题上简单、幼稚和不成熟的思想和行为。在择偶标准上，往往重外表，轻内在。在恋爱方式上，往往重形式，轻内容。在恋爱行为中，往往重过程，轻结果；重享乐，轻责任。这种恋爱问题上的不成熟性，恋爱过程中感情和思想易变，缺乏妥善处理恋爱中情感纠葛的能力，极易造成恋爱的周期性中断。

综上所述，我们认为大学生谈恋爱是弊大于利的。

以上是在辩论赛中正方和反方同学对于大学生谈恋爱利弊的分析，而很多事情都具有两面性，大学生要有正确的价值观念、爱情观念，才能经得住磨炼，在快乐与泪水中不断前行。

问题讨论

1. 如何认识爱情？

2. 校园爱情的利与弊？

3. 当代大学生如何正确面对爱情？

五、拓展提升

关于爱情观的测试题

你的爱情观会是怎样的呢？很多时候人们会根据自己的爱情观来选择自己理想的另一半以及未来如何经营爱情等。测试一下你的爱情观吧。

1. 你认为自己谈恋爱的目的是什么？

A. 找到一个息息相通的人，一起走进婚姻的殿堂——3 分

B. 过两个人的生活，不受外界的影响——2 分

C. 有共同的兴趣，在一起觉得好玩，没有多想——1 分

D. 为了摆脱孤独，寻找一个心灵的寄托——1 分

2. 你对于理想的另一半的标准是什么？

A. 有颜值，有气质——2 分

B. 工作认真，有事业心——1 分

C. 内心善良，做人正直——3 分

D. 只要一心对我好，其他的都不重要——1 分

3. 认为你们之间各方面差距差多少比较合适？

A. 性格互补，但是总体来说差距并不大——3 分

B. 自己要有优势，占上风——2 分

C. 要求对方各方面都比自己强，有安全感——1 分

D. 根据遇到的人来定——0 分

4. 你认为什么年龄或阶段最适合谈恋爱？

A. 心理年龄和生理年龄都成熟的时候——3 分

B. 遇到对的人就好，顺其自然——2 分

C. 越早越好——1 分

D. 还不确定，说不清楚——0 分

5. 你希望你们通过什么方式认识彼此？

A. 青梅竹马，两小无猜——2 分

B. 偶然遇见，一见钟情——1 分

C. 日久生情——3 分

D. 相亲认识彼此——1 分

6. 你认为什么方式可以让爱情长久？

A. 完全奉献与付出，处处为对方着想——1 分

B. 彼此平等，一起进步，共同成长——3 分

C. 不断创造浪漫——2 分

D. 没有办法，爱情不能长久——0 分

7. 你认为恋爱到结婚中间要多长时间比较合适？

A. 闪婚，越快越好——1 分

B. 根据感情情况来定——3 分
C. 时间要久一点，以便更好地了解彼此——2 分
D. 直到对方提出求婚——0 分
8. 你会通过什么方式完全了解对方的心思？
A. 想方设法不断考验，不惜请私家侦探——1 分
B. 通过平时小事进行观察——3 分
C. 通过朋友进行打听了解——2 分
D. 相信自己的直觉——0 分
9. 随着一段时间的交往，你发现对方身上的很多缺点，你会怎样做？
A. 适当提醒对方——3 分
B. 不知道该怎么办——2 分
C. 怀疑爱情本身，决定放弃对方——1 分
D. 不改变对方，因为谁也无法改变谁——0 分
10. 因为父母的阻挠，你们的爱情出现了波折，你会怎么做？
A. 用正确的方法努力说服父母——3 分
B. 很纠结，不想面对这件事情——2 分
C. 听从父母的意见，分手——1 分
D. 不知道该怎么做——0 分
11. 当你知道对方欺骗了你，你会怎么办？
A. 后悔自己当初没有好好了解对方——2 分
B. 报复——1 分
C. 吸取教训，和谐分手——3 分
D. 感觉十分的难过——1 分
12. 你成为了“剩男”或“剩女”，你会怎么做？
A. 相信有人等着你，继续我行我素——2 分
B. 厌倦了爱情，直接听从家人的意见，随便找个人结婚——1 分
C. 反省自己的态度和经历，想办法改善——3 分
D. 听天由命——0 分

答案分析：

30 分以上：成年人爱情观

心理是成熟的，明确爱情的目标和方向，知道如何追求爱情，如何维护爱情，如何使自己在美好的爱情中逐渐成长，但是你要增加信心和勇气，相信成熟的自己定会收获一份完美的爱情。

20 ~ 29 分：大学生爱情观

你的爱情观是半成熟的，总的来说，你的爱情方法和信念是正确的，但是你却总是在爱情中受到挫折，所以你需要增加一点点信心，需要在现实中调整自己的心态。

10 ~ 19 分：中学生爱情观

你的恋爱观念是不成熟的，你对于爱情的看法是错误的，如果不能摆正自己的爱情观

念，那只会使你“害人”、“害己”，甚至和自己喜欢的人不欢而散。

9 分以下：小学生爱情观

对于你来说，你还没有形成爱情观，爱情对你来说还是一门很深奥的学问，这种情况的出现可能是因为你对于爱情的抗拒，或者是说你并不相信爱情。其实你可以放松心情，慢慢地等待爱情的到来，并且慢慢地接受它。

第六章 尊 师 重 学

第一节 为 学 之 境

一、人文箴言

人之为学，不日进则日退。独学无友，则孤陋而难成。久处一方，则习染而不自觉。不幸而在穷僻之域，无车马之资，犹当博学审问，古人与稽，以求其是非之所在。庶几可得十之五六。若既不出户，又不读书，则是面墙之士，虽有子羔、原宪之贤，终无济于天下。子曰：“十室之邑，必有忠信如丘者焉，不如丘之好学也。”夫以孔子之圣，犹须好学，今人可不勉乎?

——顾炎武《与友人书》

二、案例导读

大学生职业生涯规划设计大赛

为促进学生进行个人职业生涯规划，提高职业规划的意识和能力，进而提升未来就业能力，促进学生成长成才，某高校于 2016 年 9 月，举行“大学生职业生涯规划设计大赛”。该活动是由某高校招生就业处主办，由就业指导教师和辅导员负责组织和指导学生参赛。

作为大学生，做好职业生涯规划具有十分重要的意义。此次大赛目的就是让步入象牙塔的同学们，能够从大一开始，做好自己的学习生涯规划，通过对自己职业生涯的规划，大学生可以解决好职业生涯中的“四定”——定向、定点、定位、定心。尽早确定自己的职业目标，选择自己职业发展的地域范围，把握自己的职业定位，保持平稳和正常的心态，按照自己的目标和理想有条不紊、循序渐进地努力。职业生涯规划的训练有助于全面提高大学生的综合素质，避免学习的盲目性和被动性，规划个人的职业生涯，可以使职业目标和实施策略能了然于心，并便于从宏观上予以调整和掌控，能让大学生在职业探索和发展中少走弯路，节省时间和精力。同时，职业生涯规划还能对大学生起到内在的激励作用，使大学生产生学习、实践的动力，激发自己不断为实现各阶段目标和终极目标而进取。

全校大一新生 1600 余名学生参加，同学们广泛参与，最终 105 名学生获奖，起到了很好的宣传和动员效果，让同学们明确了学习生活的方向和目标，并且积极地努力完成。

三、知识点链接

（一）学习的三种境界

学生成长的不同阶段，学校的教学方式和方法有不同的侧重。大学阶段，注重学生自我学习能力的提升，轻松愉快的学习，尤其在生活能力、安排处理日常事务能力、逻辑思维能力、归纳总结能力以及人生观和价值观得到进一步的成长和完善，各种经验得到进一步积累，达到学在其中、乐在其中的境界。

学习有三种境界，即“知”是萃取——有选择的学习；“悟”是升华——有发现的学习；“用”是结晶——有创造的学习。择师于书本与人物，解决的往往是“知”；择师于自然与生活，才能解决“悟”的问题；而师法于自然、博大精深，学以致用、开拓思维、融会贯通、辩证汲取这才是学习的境界。治学的道路没有贪图捷径，只有执着的追求。丘吉尔在他生命中的最后一次演讲，也是演讲史上的经典之作，在整整二十分钟的时间里，他只讲了两句话：“坚持到底，永不放弃；坚持到底，永不放弃……”当经历了不懈的学习和生活的磨难后，就会逐渐成熟起来，看到了别人所看不到的，得到了别人所得不到的，这即为学习的总和，治学的最高境界。

（二）为何学

在上大学之前，很多同学学习只是为了拿到那本金灿灿的通知书而已，其他的一点用处也没有。到了大学之后，渐渐地发现，在学校上这些课，学习理论和实践知识，以后并不一定要去用它，而是通过学习，在学习的过程中给同学们很好的教义，掌握正确的方法。现在所做的每件事，不一定马上立竿见影产生效果，它对未来的工作和生活会产生某种积极的影响。在大学的校园里，大多数同学认为，只有专业课有用，公共课没什么用处。上专业课基本能保证出勤率，而上通识课、选修课、考查课等课程时却很难保证出勤率和课堂纪律。事实上，任何课程的学习并不只是学习知识本身，而是通过学习让自己形成好的习惯，拓宽视野，锻炼意志。可以看出，学习并不是知识本身，它是一种提高自己的方式，从而促进自身的发展。

在课堂上，思修教师就大学学习和生活提出了这样的问题：“大三就要结束，大学学到了什么呢？同学们所学到的知识仅是为了应付考试吗？你觉得你还是那个原来的你吗？”

一位同学回答：“对我而言，在大学所学的专业知识还是不够的，专业课只会一点皮毛。说句实话，三年里，我没考英语四级，也没考计算机国家二级，有的专业课甚至不及格，还有过重修。但是，我觉得在大学的三年，我学到最多的是一种面对问题、处理问题的方法。在学校，我加入过院学生会，最后成为了副主席，组织并参加了众多的活动，还自己组织同学们去宁夏义务支教，回到我的家乡后，还在很多高校进行了巡回演讲。因此，有得必有失，不必可惜自己专业学得一般，那些学习优秀的，大学的经历未必精彩。”这样的回答，可能反映了很多大学生的心声，但是不一定每个同学都拥有与回答者一样多的收获。

因此，学习并不是学习知识本身，学习让我们获得更多的知识，在未来有更多选择的机会，我们可以过自己想要的生活，选择适合自己的职业；学习让我们的生活更精彩，我们会知道努力完成任务，会感受到竞争的压力，从而更加完善自己，带给我们成就的喜悦，不在碌碌无为中走向死亡；学习让我们变得更加智慧，从书本中我们可以学到生活的智慧，与智者对话，放松我们的心情，寻找内心的秘境。

（三）学什么

就读大学时，你应当掌握七项学习，包括基础知识、积极主动、实践贯通、培养兴趣、自修之道、掌控时间、为人处世。

1. 基础知识

基础知识的学习，包括数学、英语、计算机以及本专业要求的基础课程。应用领域里很多高深的技术在几年后就会被新的技术取代，只有基础知识的学习才可以受用终身。如果没有打下好的基础，大学生们也很难真正理解高深的应用技术。

2. 积极主动

一个积极主动的大学生，刚步入学校就应该规划自己的未来。而积极主动首先要有积极的态度；第二步是对自己负责，勇敢面对人生；第三步是要做好充分的准备，事事用心，事事尽力，不要等机遇上门，要创造机遇，把握机遇；第四步是“以终为始”，积极地规划大学四年。

3. 实践贯通

我听到的会忘掉，我看到的能记住，我做过的才可以真正明白。”在大学里，任何的学习和课程都应该在学习中努力实践，做到融会贯通，就可以更深入地理解知识体系，牢牢地记住学过的知识。

4. 培养兴趣

孔子说：“知之者不如好之者，好之者不如乐之者。”如果你对某个领域感兴趣，并且充满激情，你就会发挥自己的潜力。这时候的学习就是一种享受。最好的寻找兴趣点的方法是开拓自己的视野，接触众多的领域。而大学正是这样一个可以让你接触并尝试众多领域的独一无二的场所。

5. 自修之道

教育家 B. F. Skinner 曾说：“如果我们将学过的东西忘得一干二净时，最后剩下来的东西就是教育的本质了。”那么所谓“剩下来的东西”，就是自学的能力，举一反三的能力。在大学期间，除了学习专业知识外，更要注重学习与思考的方法，只有这样，毕业之后才能适应瞬息万变的未来世界。

6. 掌控时间

大学四年，独立自主，同时也最容易迷失方向。大学生必须具备一定的自控能力，让自己交些好朋友，学些好习惯，把每件事都做到最好是不切实际的，因此，要懂得把“必须做的事”和“尽量做的事”分开。

7. 为人处世

目前社会，情商在某些时候比智商更重要，社会中，与人相处的能力越来越重要，甚至超过了工作本身。因此，在校期间，要努力培养自己的交流意识和团队精神。首先，以诚待人，以责人之心责己，以恕己之心恕人；其次，培养积极向上的健康的友情；第三，注重团队精神和沟通能力的培养；第四，提高自身修养和人格魅力。

（四）怎么学

高校大学生都处在生理、心理发展和成熟的关键阶段，面对的专业、兴趣和方向、个人能力等方面虽然不同，但大家仍然在学习方法、学习态度和学习目标上具有一致性，是具有“同质性”的社会群体。以下几点对当前大学生的培养和教育，对“以人为本，德育为先”的高校德育工作起到积极的作用。

1. 了解大学生活学习特点，掌握正确的学习方法

在大学里，要想真正学到知识和本领，除了继续发扬勤奋刻苦的传统精神外，要懂得去适应大学的教学规律，选择适合自己的学习方法。大学的学习既要求掌握比较深厚的理论和专业知识外，还要重视各种能力的培养。因为，大学教育具有明显的职业定向性，因此，在注重书本知识的学习之外，还要努力培养研究和解决问题的能力。注重自学能力的培养，学会自觉地学习，还要注意组织、管理等能力的培养，为将来适应社会生活和工作打下良好的基础。大学生活的重要特点表现在：生活上要自理，管理上要自治，思想上要自我教育，学习上要求高度自觉。

2. 提高大学生学习的主动性

大学教育的内容包括基础知识、专业知识，实践技能，同时还要学习本行业最新的前沿知识和技术发展状况。知识有深度，有广度。教师在课堂上只讲难点、疑点、重点，其余部分就要由学生自己去理解和掌握。因此，大学学习依赖性减少，主要以自觉学习为主，留给学生大部分自学时间。因此，主动学习，树立良好的学习态度，必须培养和提高自学能力。

3. 尽快适应专业性与综合性的结合

从报考大学的那一刻起，专业方向的选择就提到了考生面前，被录取上大学，专业方向就已经确定了。大学学习的内容都是围绕着这一大方向来安排的。而专业对口是相对的，达不到完全对口，在大学期间还要根据自己的兴趣和爱好，选修或自学其他课程，努力扩大自己的知识面，只有这样，才能减少就业压力对大学生学习态度的消极影响。

4. 全面发展和注重能力培养

我国教育历来都强调德才兼备。二者互相促进、相互制约，缺一不可。能力的培养是现代社会对大学教育提出的一个重大任务。知识再多，不会运用，也只能是一个知识库、“书呆子”。德、智、体全面发展是我国教育方针对学生提出的基本要求。全面发展的要求是以马克思对未来社会关于人才全面发展的学说为依据，结合我国社会主义建设对人才的需要所提出的。我们谈及的学习，不再是狭义的课堂学习，更多的应该是作为即将步入社会的知识储备的综合能力的学习，只有将全面发展的观念深入贯彻到每个学生的头脑里，才能够激发学生积极的学习态度。

5. 严格要求自己，增强自控能力

端正自己的学习目的和动机。正确的学习目的和良好的学习动机，能激发爱国热情，在学习上表现出积极的态度、强烈的责任感，有发奋进取的欲望。

四、案例讨论

调查：近两成大学生学习现状不甚乐观缺乏学习激情

为了提高同学们的学习热情，树立端正的学习态度，2012 年某高校做了一个问卷调查，结果显示，近两成大学生缺乏学习激情。

大学生的当前学习现状有五种，“很有激情”、“总体尚佳，但有不足”、“一般”、“不甚乐观”、“完全没有激情”，有 20% 的学生表示自己的学习现状不甚乐观或完全没有激情，大多数大学生学习动力处于一般水平，而超过半数的学生表示主要原因是自我控制能力较差；43% 的学生表示自己比较浮躁，学习时无法专心；37% 的学生表示容易受到周围不良环境的影响。还有不少学生认为学校开设的一些课程学了没用。

近四成大学生先玩后学。大部分学生的学习效率处于一般水平，对于认为自己学习效率不高的学生来说，54% 的认为主要与自己的学习习惯有关，25% 的认为自习内容太难太乏味，16% 的认为学校提供的学习环境不好，其他原因所占比例较低。在学习过程中，45% 的大学生表示已经习惯了大学学习，心理状态表现平和，但真正对学习感到愉快的仅占 11% 。带有情绪学习的学生占绝大部分，部分学生对学习产生倦怠心理。认为自己学习很努力的学生占总人数的 32% ，当学习与娱乐发生冲突时，46% 的学生选择先学习后娱乐；也有相当一部分的大学生学习内动力不足，表示自己学习不太努力的占 23% ，十分不努力的占 8% ，而选择先娱乐后学习的有 39% 。

调查数据显示，学习问题依然是新生入学后遇到的首要问题。学习问题中，比例最高的为“缺乏学习动力”，其次是“对所学课程内容没有兴趣”；而选择“向老师面对面请教机会太少”的比例明显上升，其中本科为 41% ，专科为 40% 。

问题讨论

1. 大学学习与高中学习的区别是什么?

2. 影响大学生学习激情的因素有哪些?

3. 如何提高大学生自主学习能力?

五、拓展提升

凿壁偷光

汉朝时，正值少年的匡衡，非常勤奋好学。由于家里很穷，因此他白天必须干许多活，挣钱糊口。只有晚上，他才能坐下来安心读书。不过，他又买不起蜡烛，天一黑，就无法看书了。匡衡心痛这些被浪费的时间，内心非常难过。他的邻居家里很富有，一到晚上好几间屋子都点起蜡烛，把屋子照得通亮。匡衡有一天鼓起勇气，对邻居说:“我晚上想读书，可买不起蜡烛，能否借用你们家的一寸之地呢?”邻居一向瞧不起比他们家穷的人，就恶毒地挖苦说："既然穷得买不起蜡烛，还读什么书呢!"匡衡听后非常气愤，不过他更下定决心，一定要把书读好。匡衡回到家中，悄悄地在墙上凿了个小洞，邻居家的烛光就从这洞中透过来了。他借着这微弱的光线，如饥似渴地读起书来，渐渐地把家中的书全都读完了。匡衡读完这些书，深感自己所掌握的知识是远远不够的，他想继续多看一些书的愿望更加迫切了。附近有个大户人家，有很多藏书。一天，匡衡卷着铺盖出现在大户人家门前。他对主人说："请您收留我，我给您家里干活不要报酬。只是让我阅读您家的全部书籍就可以了。"主人被他的精神所感动，答应了他借书的要求。匡衡就是这样勤奋学习的，后来他做了汉元帝的丞相，成为西汉时期有名的学者。

苏步青刻苦学习的故事

苏步青，1902 年生，我国著名数学家、教育家，曾任复旦大学校长。他出生于贫苦的农民家庭，从小就在地里劳动：放牛、割草、犁田，什么都干。那时他想，这辈子肯定没有读书的机会了。恰好，村里一户有钱人家请了一位家庭教师，教他的公子读书。苏步青有空，就在窗外听听，随手写写画画。想不到，那位公子没学好，苏步青却因此学到不少知识。他的叔叔见他这么想学习，便拿出钱，说服苏步青的爸爸，把他送到百里之外的一所小学去读书。

从那时起，他就抓紧时间，读了好多好书。进初中后，他的第一篇作文交上去，教师一看，那写作方法，很像是古代著名的《左传》的写法，便怀疑这是不是苏步青自己写的。上课时，老师要考考他，随便点了《左传》上的一篇文章，让他说说写的是什么。不料，他立即一字不错地把那篇文章背给老师听。这使老师和同学们大吃一惊。

第二节 尊 师 重 道

一、人文箴言

国将兴，必贵师而重傅，贵师而重傅则法度存；国将衰，必贱师而轻傅，贱师而轻傅，则人有快，人有快则法度坏。

——荀子

师道既尊，学风自善。

——康有为《政论集·在浙之演说》

二、案例导读

辞官从教，只为回到学生身边

曲建武，二级教授，博士生导师，现任大连海事大学公共管理与人文学院 2013 级辅导员，马克思主义学院教师。从 1982 年留校担任辅导员，到学校学生处处长，从学校党委副书记到辽宁省高校工委副书记、辽宁省教育厅副厅长，在他眼中，无论身处哪一个位置，其工作的核心和根本都是为学生服务的，他是这样认为的，也是这样做的。

在一次辅导员的专题培训大会上，为辅导员作报告，从那时起认识了曲建武老师，一位正厅级辅导员，思想政治教育专家，让在座的每一位辅导员说起就肃然起敬。出于对辅导员工作的深厚感情以及对学生工作的热爱，在 2013 年 3 月，他主动向省委提出辞呈，要求回到高校第一线，做一名普普通通的大学辅导员。2013 年 9 月，他来到大连海事大学，担任公共管理与人文学院 2013 级辅导员。

在大连海事大学，他担任 139 名学生的辅导员，他为每一名学生建立电子档案，请每个学生写下自己的大学梦想和最关心的一个问题；他为年级学生统一购买图书数百册，要求他们利用课余时间进行阅读，养成多读书、读好书、好读书的习惯；他倡导建立中队爱心基金，自己出资一万元作为基金启动经费；他担心困难学生回家的路费，联络企业捐资 2 万元作为学生的车费补贴；他牵挂学生在冬季不舍得买水果而影响身体健康，便买来几十箱苹果分给家庭困难的学生每人一箱；因为他担心新疆学生没有厚衣服御寒过冬，在寒冬里为学生送去自己的衣服，叮嘱学生好好学习，有困难就对他讲；有个学生病了，他亲自送学生到医院，并给学生 500 元钱用来买营养品。他的日记本中密密麻麻地记录着每一名学生的生日，每当有学生过生日的时候，他都会结合学生自身特点送上一份四五百字的生日祝福，嘱咐学生在大学里一定要好好发展，幸福快乐。仅半个学期，他通过微信、短信等方式为学生发送 7 万余字的内容，这给曲建武老师带来了无穷的乐趣，他在一篇文章中写道："每天他们都围绕在我的身边，他们的笑声、匆忙的脚步声、朗朗的读书声，奏响了我人生最美妙的乐章!"

送人玫瑰，手有余香。曲建武老师的付出也得到了学生的回报。大连一下雪，他的手机上就会收到"老师注意保暖""注意路滑"这样的信息；教师节，收到学生若干条祝福，被幸福包围着；父亲节的时候，学生们对他说"您就是我们的父亲"……每当听到这样的话，曲建武就感到生命充实而有意义。

辞职 3 年，曲建武并没有一丝后悔，有的全是满满的自豪。"我这辈子就干了一件事——学生工作，我要在学生思想政治教育这块原野上画上我人生的句号!"曲建武说。

作为一名高校思想政治教育工作者，曲老师身上有太多值得学习的东西，有多少人能够辞去高官，回到工作第一线？他的学识、风范和奉献精神，都是源于对辅导员工作本身的热爱，对学生的爱。曲建武敬佩郭明义，佩服那种"把幸福给你"的人生境界，他也是这样认为的，他要把幸福送给正在成长中的学生们。

三、知识点链接

（一）尊师重教是中华文明的重要传承

中华五千年文明能够延续并不断得到发扬光大，与中华民族在数千年间始终保持了尊师重教的优良传统是分不开的。师之重要，可见一斑。中华文明是世界上最古老的文明之一，也是唯一延续至今且不曾中断的文明，几千年的历史长河中，师者肩负传道授业解惑之神圣使命，始终载舟而行，因此不曾有停泊之虞。尊师重教，是中华民族传统极为重要的价值观念取向。《礼记·学记》云："凡学之道，严师为难。师严然后道尊，道尊然后民知敬学。"学习中最难得的，即是尊敬老师，而只有尊敬老师，我们才能尊敬老师所传授之知识、道理等，道尊然后知道要努力学习，是故有师道尊严之存在。

由此可见，“师尊”方可“道尊”，然所谓师尊者，须满足三个条件：第一，老师的人品要正，“其身正，不令而从；其身不正，虽令不从”；第二，学生的态度要端正，懂得“为学莫重于尊师”之理；第三，国家与社会的重视，柳宗元在《师友箴》中有“举世不师，故道益离”之句，意思是，如果全社会都不尊重老师了，那真理、知识也会离我们远去。

早在先秦时，古人便把师与天、地、父并列，国家还按照名位、官阶品级，划分了一整套礼仪等级制度，用“法度”即法统、条律来加以贯彻。并对教师的地位、职责、作用作了详细而具体的规定，对于尊师形成了一整套严格的礼数法度，对后世的教育制度的发展、沿革、衍变产生了深远影响。

记得《明史演义》中，有这样一段记载：“春坊庶子李希贤，授诸王经训，用笔管击伤王额。太祖大怒。”在皇权至高无上的年代里，居然敢将皇子额头打破了，这个老师的胆子不可谓不大，也不得不让人替他捏一把汗。所谓“天子一怒，伏尸百万”，更何况，皇子他爹朱元璋，其杀人如麻之凶名，更是史上皇帝中不多见的。因此，闯下如此大祸的李希贤，以常理推断，不但他自己性命难保，抄家灭族也仅在皇帝一念之间了。然而，让人惊奇的是，他不仅活得好好的，甚至也不曾丢官罢职，究其缘故，因马皇后认为，既然将孩子托付于老师教导，即使是帝王，也不宜干涉太多，其原话则为：“譬如使人制锦，只可任他剪裁，不应为子责师。”在这里，马皇后的“裁缝”之喻，与当今的“园丁”之说法有着异曲同工之理。李希贤能够不死，虽出于马皇后之劝谏，然朱元璋若不认可老师教学之独立性、自主性，也是无济于事的。由此足见，在师道面前，即便是帝王，也是敬而重之的。“敬教劝学，建国之大本；兴贤育才，为政之先务。”故无论今时往昔，尊师重教，不仅关乎个人的发展前途，也关乎一个民族与国家的盛衰兴亡，这也是中华民族的历史得以源远流长的最重要传承。

（二）师者

1. 相关概念

传授文化、科学和技术的人被尊称为老师或教授，泛指在某方面值得学习，并能够给大家带来一定正确知识和指导的人。

“老师”一词最初指年老资深的学者，后来把教学生的人也称为“老师”。教师的概念：在各级各类学校中，以教育培养学生为职责的专业工作者。教师法规定：“教师是履行教育教学职责的专业人员，承担教书育人，培养社会主义事业建设者和接班人，提高民族素质的使命。教师应当忠诚于人民的教育事业。”教师工作是直接教育人的特殊职业，其一言一行对学生的成长影响极大。

2. 教师的标志——为人师表

教师应该为人师表，要言传身教，只有以身作则，才能使教师的言教发挥作用，只有教师为人师表，才能使学生从教师的言行中学到道德准则，促使学生的言行得到统一。

以身作则是教师职业品德的重要内容，也是教师教育力量的所在。教师的一言一行、行为习惯、道德品质、政治态度、思想作风、治学精神对学生都会产生很深的影响。教师对学生的影响，不仅取决于他的言教，还要取决于身教，只有严于律己，才能以身作则，“凡是要求学生所要做到的事，首先教师必须要做到，凡是不让学生去做的事，教师必须带头遵守”，这些是所有优秀教师都必须掌握的经验，它已经成为教师工作的共同格言。

3. 教师的职责——教书育人

“百年大计，教育为本”、“敬业乐业，忠于职守”一直是中华民族历来的传统。随着时代的进步，广阔的市场大门已被打开，学校教师也应结合实际出发，发扬中华民族敬业的优良传统，发扬无私奉献，公而忘私，教书育人，对于本职工作，应具备强烈的使命感及高度的责任心。学生掌握知识水平的高低，很大程度上受老师知识水平的影响，如果教师在讲课过程中对教材分析不透，对知识重点把握不准确，要点讲解的不清楚，那么学生听过这堂课就不会有所收获。因此每一位教师都应刻苦钻研、拓宽自己的知识面，把一些与教材内容相关的知识补充到授课之中，教师授课质量的好坏无法用尺度去衡量，它取决于教师的良心，要做一名有良知的教师，应时刻铭记着自己的职责。

4. 良好师生关系的基础——热爱尊重学生

老师爱学生，学生尊敬老师，一直是我国教育的优良传统，教师对学生的热爱，是教师教育学生的感情基础。一个人从出生时起，得到的是父母的爱，当他们入学校后，渴望得到老师的爱，教师的爱比起父母的爱更具有社会意义；只要有爱，才能正确地认识学生，不会因为他们有缺点，就把他们看“扁”了，看“死”了，而是去从本质上发现他们的积极性，看到他们的可塑性，尽全力使他们进步，对学生有了深厚的爱，才会有科学的教育方法。新型的师生关系不但有师生间的那层爱，还应有朋友间的那种情，要让学生愿意与你交心、倾吐心声，这样你才能更好地了解他们，能及时处理他们中间的问题。

（三）师道

1. 相关概念

师道，指尊师重道之理，从师问学之道。《汉书·匡衡传》：“望之奏衡经学精习，说有师道，可观览。”师道作为一种社会意识，也是一种教育思想和为师理念，是教师对自己所从事的教育事业的社会价值的充分肯定。

（1）师法。指老师的学问或技艺体系。明代顾起元《客座赘语·师法》：“数十年前，士人多能持师道，以训弟子。”

（2）为师之道。《后汉书·桓荣传》：“臣师道已尽，皆在太子，谨使掾臣汜再拜归道。”宋代陈亮《廷对策》：“后世之所谓明君贤主，于君道容有未尽，而师道则遂废矣。”

（3）师之地位、作用以及尊师之风尚。唐代韩愈《师说》：“嗟乎！师道之不传也久矣，欲人之无惑也难矣。”鲁迅《书信集·致曹聚仁》：“古之师道，实在太尊，我对此颇有反感。”

2. 师道的核心思想——学为人师，行为世范

中国古代“学为人师，行为世范”的思想大致包括以下几个层次：首先，君子的道

德学问、言语行为是整个社会的伦理道德规范，具有为人世范的作用；其次，君子人格的规范标准是教师职业规范的基础与原则。教师作为君子品格的集中代表，要将君子人格的伦理道德、言行规范通过教育教学手段灌输给广大的人民群众。最后，教师为人师表的范围不止局限于学校教育之中，还要面向整个社会。

需要强调的是，由于社会知识阶层大多集中在学校，特别是那些标志国家社会民族整体知识与思想水准的权威学者大都集中在高等院校，因此在某种意义上，教师特别是高校教师就成为知识分子的集中代表。对于高等院校的教师而言，“学为人师，行为世范”不仅仅意味着在知识、道德、言行等方面为学生、社会作出表率，更要为时代、为国家、为民族不断创造出先进的思想资源，成为时代、国家、民族思想文化的开创者。

（四）师范

学生具有强烈的“向师性”，教师是学生最直接的榜样，学生在观察教师时常常产生一种“放大效应”：教师的一点善举，会使他们产生无比的崇敬；教师的一点瑕疵，会使他们感到莫大的失望。教师的行为潜移默化地影响着学生，影响着他们的处世态度和人生观。作为教师一定要十分注意自己的一举一动、一言一行、一思一想、一情一态，因为你是学生的师范。为人师者的典范楷模作用对于受教育者的身心影响甚大。给学生无声路标的师范作用，达到既“言传”更“身教”。

首先，教师的师范作用体现在高尚的师德上，师德是教师素质的灵魂。“高尚的师德，是对学生最生动、最具体、最深远的教育。”（胡锦涛语）其次，高校教师在教育中处于主导者的地位，从教学内容的选择、教材的编制，到课堂授课、实习、毕业论文（设计）等全部教学环节，都是教师在起主导作用。在科研工作中，从选择科研方向，确定科研课题，进行科研工作，到科研成果的总结和鉴定，都是依靠教师或在教师的指导下进行的。就是说，在学校的科研工作中教师也起一定的主导作用。在高等学校学生的思想教育工作中，教师同样具有学校其他人员（包括政工人员）起不到的特殊作用。教师与学生接触时间最长，范围最广，时刻对学生进行思想政治教育，特别是教师在教学过程中对学生进行教育。教师在跟学生接触中言行举止都会对学生产生深刻地影响，起着潜移默化的作用。高校教师通过教学活动指导着学生的身心发展，通过自身的品德行为影响着学生的道德进步。

（五）尊师

尊师，是中华民族的优良传统。韩愈曾说：“师者，传道授业解惑也”。培养一个人，教师的作用非常大，因此，将“师”置于“天地君亲”之后，与“父”等同是一件很正常的事。在社会高速发展的今天，我们传承了几千年来传统美德——尊师。现如今，我们应该怎样尊师？

尊敬老师，是将“尊师”这种精神贯穿在生活中的每一天。我国每年的9月10日是教师节，每年的这一天，社会各界人士都会用不同的方式去表达对老师的感激；每年的这一天，众多的学生口中都在念叨着“沐浴如春风，师恩似海深”……但是，诸多的尊敬在多数人眼中只能停留一天，而且都是形式大于内容，他们更看重的是给老师办个什么样的庆贺会或者是送了什么样的重礼，而不是发自内心地感激。心灵深处的尊重不是靠器物的价值来衡量，这样有悖于“尊师”的真谛。因此，尊敬老师，就请将教师节的心态放在每个平凡的日子里。

尊敬老师，就请不要将过多虚名扣在老师的头上。不错，“教师是人类灵魂的工程师”，但从某种程度上讲，教师是一个赖以生存的职业，教师需要用教学这种技能来取得生存的保障，教师这个职业同农民、工人等职业一样，都需要付出辛勤的劳动来换取回报。老师不需要过多崇高的称谓，称谓越崇高教师产生的压力就越大。“蜡炬成灰泪始干”不是老师期盼的境界，老师期盼的是自己越烧越亮，燃烧的时间长一点，照亮的人也就多一点。

尊敬老师，就请用一颗平常心来看待老师。教师承担着“加工”我们人类下一代，担负着我们优秀的文明能否一代又一代传承下去的重大历史责任，因此，整个社会从精神层面赋予教师崇高的地位，从现实方面对教师给予近乎严厉的要求，比如，老师不能有丝毫的毛病、缺点，在学生面前必须是一副“高大全”的形象。但教师首先是一个人，教师也有常人的缺点毛病，教师也会犯错，因此，在教师犯错的时候，我们应用平常的心态来对待教师。时刻记着教师只是一个凡人，而不是一个圣人。

尊敬老师，就请不要用个别不良教师否定整个群体。“学高为师，身正为范”，每一个能够承担起“老师”这一称呼的人，都会用这八个大字来要求自己。不要因为一个不配教师称号的教师的行为而否定整个群体。请不要因为个别不良教师的行为而出台诸如“男教师不能单独和女学生谈话”的荒唐规定，尽管有败类，但更多的则是兢兢业业，恪尽职守。

“十年树木，百年树人”。相比其他行业，老师身上肩负的责任更为重大。现今的社会更应该是一个知识社会、尊师社会，在沧海桑田的日月变迁中，只有学会了尊师，才能获得个人、民族、国家长久的发展空间。

四、案例讨论

“尊师活动月”主题活动

在教师节来临之际，某校举办“尊师活动月”主题活动，号召各班团支部将弘扬传统文化与尊师重教相结合，开展尊师系列活动，回归孔孟之乡的尊师礼仪。

本次活动以学生对老师的感恩之情为切入点，以学生的真挚之情感动老师，通过活动，让九月的校园洋溢“尊师重道”的感恩之情。

活动中，同学们以多种形式表达对老师的感恩与尊敬，包括教师节传递祝福万人行活动、短信编辑大赛、以团支部为单位，邀请老师或辅导员老师参与，各班同学可以自拟形式表达对老师的尊敬和爱戴。

此次活动的开展，让同学们重温了尊师重道的传统精神，提倡尊师重道，有利于在校形成尊敬教师、尊重知识、尊重人才、重视教育的校园风气，从而引导同学们培养正确的人生观、价值观，促进社会主义精神文明建设。尊师重道不仅应该是大学生必备的道德修养，而且应该成为大学生的自觉行为。

问题讨论

1. 如何看待"教师节"的设立？

2. 尊师的意义是什么？

3. 尊师需要哪些具体而微的做法？

4. 师生的互动关系对于尊师而言有哪些重要作用？

五、拓展提升

古今名人尊师重道的经典故事

一代伟人毛泽东：尊师重教光辉榜样

人民领袖毛泽东，深受全国各族人民的尊敬和爱戴，而他在尊师方面，也为我们树立了光辉的榜样。

毛宇居，毛泽东小时的私塾老师。1959 年，已是党和国家主席的毛泽东重回故乡韶山，毛泽东亲自向毛宇居老师敬酒，毛宇居老人说："主席敬酒，岂敢岂敢！"毛泽东却说："尊老敬贤，应该应该！"杨昌济，杨开慧的父亲，毛泽东在湖南第一师范就学时的老师，毛泽东认为：杨先生是一位有高尚道德品格的人。他常在星期天和节假日到杨先生的住处登门求教，讨论问题，改正笔记，杨先生也特别器重他。而徐特立先生是毛泽东一直非常敬重的另一位老师，1937 年徐老 60 寿辰时，毛泽东写了一封热情洋溢的贺信，信中说："您是我 20 年前的老师，您现在仍然是我的老师，将来必定还是我的老师。"1947 年，徐老 70 寿辰时，毛泽东又题词"坚强的老战士"送给他，表示尊敬和祝贺。

物理学家及化学家居里夫人：成名不忘恩师

1903 年，居里夫人发现了一种新的物质——镭。这一发现，震惊了全世界。居里夫人成了世界上第一个获得诺贝尔奖金的女科学家。从此，她享有盛誉，博得了人们的敬仰。可她对她过去的老师仍然十分尊敬。

居里夫人的法语老师最大的愿望是重游她的出生地——法国北部的迪耶普。可是，她付不起由波兰到法国的一大笔旅费，回乡的希望总是那么渺茫。居里夫人当时正好住在法国，她非常理解老师的心情，不但代付了老师的全部旅费，还邀请老师到家里做客。居里夫人的热情接待使老师感到像回到了自己家里一样。

1932 年 5 月，华沙镭研究所建成，居里夫人回到祖国参加落成典礼。许多著名人物都簇拥在她的周围。典礼将要结束的时候，居里夫人忽然从主席台上跑下来，穿过捧着鲜花的人群，来到一位坐在轮椅上的老年妇女面前，深情地亲吻了她的双颊，亲自推着她走上了主席台。这位老年妇女就是居里夫人小时候的老师。在场的人都被这动人的情景所感动，热烈地鼓掌，老人也流下了热泪。

居里夫人就是这样，当她成为一个伟大的科学家之后，仍旧没有忘记曾经传授给她知识的老师。

第七章　文以载道

第一节　诗词言志

一、人文箴言

诗者，志之所之也，在心为志，发言为诗，情动于中而形于言，言之不足，故嗟叹之，嗟叹之不足，故咏歌之，咏歌之不足，不知手之舞之足之蹈之也。

——诗大序

诗缘情而绮靡，赋体物而浏亮。

——陆机《文赋》

二、案例导读

诗圣杜甫

在唐代灿若群星的大诗人群当中，李白与杜甫是最耀眼的两位诗家双子星，杜甫的诗歌忧国忧民，代表了中国现实主义的最高水平，杜甫也因此被后人尊称为“诗圣”。

杜甫，字子美，唐代中期河南人。他的祖父杜审言在朝为官，是唐代初年著名的诗人，与宋之问、沈佺期一起，为五言律诗的定型做出了重要贡献。杜甫并没有享受到官宦家庭带来的良好生活条件，他出生后，家境已经日渐衰落，所留下来的，唯有一个书香门第所具有的诗书礼乐传统，而正是这样的传统，为我们塑造了一位胸怀博大、志向高迈、爱国忧民的诗圣杜甫。杜甫生活的唐玄宗朝代，本来十分繁荣，当时的都城长安，是世界上最大的城市，一片蒸蒸日上的景象。杜甫家学渊源，十四五岁时就开始展现诗才。他读书欲破万卷，下笔也开始有神。当时的前辈诗人们被杜甫的才学震惊，经常带他去拜访当时的名人。公元735年，杜甫结束了四处漫游，回乡参加科举考试。年少才高的杜甫，经过一番名山名水的洗礼之后，受到一次又一次文化的熏陶，一进考场，便十分自信地挥毫泼墨，待到出了考场，更是以为获得进士名头犹如探囊取物，可没想到，却名落孙山。青年受挫，杜甫并没有气馁，他越发觉得游历学习十分的重要，于是他再一次踏上了漫游行程。行经泰山时，他写下了著名的《望岳》，诗中的思想境界和创作艺术上都更上一层楼，登上了一个新的高峰。

当杜甫结束了这次漫游，结婚并在洛阳长住下来，年长杜甫11岁的李白来到洛阳，杜甫十分仰慕李白，两个人一见如故，成为挚友。两人盘桓一段时间以后，挥手道别，李白继续自己的漫游，杜甫则按照家族的入仕传统，再次去长安谋官了。可是这时候的大唐已经盛世难继了，英明一世的唐玄宗骄傲了，开始终日沉溺梨园声色与贵妃柔情，宰相李林甫把持大权，又口蜜腹剑，陷害忠良。此时，越来越频繁的战争更是给人民带来了无穷的痛苦。面对这种现实，杜甫心里十分的苦闷。当他亲眼目睹了咸阳桥边新兵应征入伍的场面，其中有十五六岁的小兵，父母相送哭断了肝肠，也有头发花白的老兵，这一去注定再也无法活着回到家乡。面对这一景象，杜甫挥笔写下一首《兵车行》，诗中写道："君不见青海头，古来白骨无人收，新鬼烦冤旧鬼哭，天阴雨湿声啾啾！"这时，杜甫接到朝廷通知，要他担任右卫章府胄曹参军。这是一个特别小的官，主要任务是守兵甲器仗，管理门房钥匙。这种工作与杜甫的满腹才华实在不相般配，地位很低，俸禄也很少，但是为了养家糊口，杜甫还是答应了。上任前，杜甫要先回家探望，途中却遭遇了史上著名的安史之乱。杜甫被卷入了整个国家的大灾难之中，携带一家老小，开始了逃难生活，这一路上，与长安人民一起颠沛流离，亲身经历了战乱给人民带来的痛苦。他在新安，见到吏卒气势汹汹地抓人当兵。杜甫于心不忍，但又想到战争需要，大家都是无奈的。杜甫怀着痛苦的心情写下了《新安吏》。在潼关，杜甫又写下了《潼关吏》，警告守关者不要轻易出战。到陕州石壕村时，杜甫再次目睹官兵到处抓人，战争使一个美好的家庭家破人亡，他忍痛写下了《石壕吏》。这三首诗被后人称为"三吏"。后来，杜甫又写了《新婚别》《垂老别》《无家别》，后称为"三别"，写出了新婚人、老人、孤身一人的老兵等在战争中经受的苦难和在苦难中坚持的爱国精神。"三吏三别"是杜甫的代表性作品，集中反映了战争给人民带来的灾难，体现了杜甫对国家人民的深沉之爱。

在之后的岁月里，杜甫虽胸怀报国之志，却一直没能得到重用，甚至连生活都要靠朋友接济。即便这样，当自己的茅草房被大风吹倒后，心存大爱的杜甫首先想到的仍是他人。他写下了《茅屋为秋风所破歌》："安得广厦千万间，大庇天下寒士俱欢颜，风雨不动安如山，呜呼，何时眼前突兀见此屋，吾庐独破受冻死亦足！"

杜甫的一生是伟大的一生。他用自己的诗作为人民诉苦，为国家担忧。他留下了一千四百多首诗，其中不少是不朽之作。读着杜甫沉郁顿挫的诗篇，我们仿佛穿越时空看到他那裹满沧桑的宽厚布衣，那清清冷冷的身影，感动于他那真诚高尚的情操，生出一种敬意，那种来自岁月的沉积，那种来自灵魂的呐喊，呼唤着这个世界，感染着我们的心。

三、知识点链接

（一）诗的发展历程

诗词在中国源远流长，绵延数千年，取得了光辉灿烂的成就，是中国文学史上的一颗璀璨的明珠。中国诗词是中国文艺百花园中一朵最为艳丽夺目的奇葩，并形成了自己独具一格的艺术形式和艺术风格，中国人无不为祖国的这份文化遗产而骄傲自豪。

1. 先秦诗

春秋时编成的《诗经》是我国文学史上最早的诗歌总集。从这个意义上说，《诗经》是我国文学的光辉起点，《诗经》高度的艺术成就，特别是其中广泛使用的赋、比、兴表现方法，哺育了后继的中国诗人，对形成中国诗歌兴寄遥远、含蓄蕴藉的特有风貌起着重大的作用。战国时代以屈原为代表的《楚辞》骚体诗，标志着中国诗歌从民间集体歌唱到诗人独立创作的更高发展阶段的出现，骚体诗冲破《诗经》四言诗的固定格式，句式加长而灵活，篇章放大而严密，词采绚丽而贴切，是《诗经》之后的一次诗体大解放。

2. 汉代诗

汉代诗歌在先秦诗歌的基础上进一步发展，也取得了具有深远历史意义的成就。其代表作为汉乐府民歌，其创制的五言体诗，后来成为中国古典诗歌的主要形式。

3. 魏晋南北朝诗

魏晋南北朝诗歌无论在思想内容或艺术形式上，都有所发展。尤其是由于许多诗人的探索和努力，诗歌形式由汉诗的自由质朴渐趋辞藻华美，音韵调谐，格律严谨，对仗工整，为唐诗的空前繁荣奠定了坚实的基础。建安诗歌是魏晋南北朝诗歌发展史上最为光辉夺目的一章。汉末的社会动乱和思想的活跃，促使建安诗坛大放异彩。以曹操、曹丕、曹植和孔融、王粲、刘桢、陈琳、阮瑀、徐干、应玚等“建安七子”为代表，诗人们描写社会动乱的现实，抒发建功立业的抱负，形成了“慷慨任气”的时代风格。这就是后世称道的“建安风骨”。富于创新精神的建安诗人善于向民歌学习，又缘以雅词，质朴的古诗开始转向文人诗的华美。魏末，司马氏集团为了篡夺曹氏政权，用残酷的杀戮排除异己。恐怖险恶的社会现实遂对文学发生极大的影响。另一方面，魏晋玄学兴起，文人崇尚老庄，高谈玄理，遗落世事。于是，隐晦的玄言诗兴起。晋宋之际，诗风最重要的变化是山水诗的兴起和玄言诗的告退。齐永明年间，作家因过分强调声律、辞藻，忽略了作品的思想内容，成就不高。梁陈时代好做艳诗，所谓宫体诗。宫体诗以描写女色为主，辞藻浮华，风格柔弱。自梁至初唐，其影响相沿一百多年。纵观魏晋南北朝诗歌发展的总趋向，慷慨任气、刚健爽朗的建安风骨没有很好地继承下来，偏重于追求诗歌形式的倾向却越来越甚。

4. 唐代诗

我国古典诗歌发展到唐代，进入了辉煌灿烂的全盛时期。不但名家辈出，佳作如林，数量超过了西周至南北朝历代之总和，而且在反映现实的深度和广度、题材领域的拓展、创作方法的多样化、体制的完备成熟等方面，也都达到了前所未有的境界，百花竞放，蔚为大观。唐初三四十年间，诗坛上依然弥漫着“以绮错婉媚为本”的梁陈宫掖之风，高宗、武后时期，王勃、杨炯、卢照邻、骆宾王、沈佺期、宋之问、陈子昂等相继登上诗坛，风气逐渐变化。沈佺期、宋之问虽多点缀升平的奉和应酬之作，但在离开宫廷、贬谪荒远之后，也写出了一些较有生活实感的诗篇，而在律诗形式的定型方面，也功不可没。号称“四杰”的王勃、杨炯、卢照邻、骆宾王，位卑而才高，把诗歌从宫廷移到了市井，从台阁移到了江山塞漠，虽在词采上尚未脱尽南朝的绮丽，但气象毕竟不同。其后，刘希夷和张若虚进一步发展了七言歌行，语言清新优美，韵律宛转悠扬。陈子昂标举“风雅兴寄”、“汉魏风骨”，在诗歌理论和创作实践上表现了鲜明的革新精神。

从玄宗即位到代宗大历初年的半个世纪，通常成为盛唐时期，诗歌的发展达到了繁荣的顶峰。不论是五古、七古、乐府、歌行，还是五、七言近体诗，都呈现出特异的光彩。

社会各方面的现实生活，都在诗人的笔下以各种体制和风格得到了充分的反映。孟浩然、王维、储光羲、常建、祖咏、裴迪等人，继承陶渊明和“二谢”（谢灵运、谢朓）的传统，诗多取材山水田园。孟浩然诗注重总体印象和情绪的把握，风格冲淡而富于韵味；王维诗擅长描摹幽静空灵的景色，着笔成绘而时寓禅意。以高适、岑参为代表的一派诗人，则较多地描写边塞征戍生活。慷慨报国的英雄气概和不畏艰苦的乐观精神为其基本特征，也反映了军中的矛盾不平和征夫思妇的幽怨。高适、岑参均擅长七言歌行。前者尚质主理，气骨遒劲；后者尚巧主景，奇瑰峭拔。王昌龄、李颀、王之涣、王翰等人的边塞诗，虽多寡不一，形式有别，但也各有特色。双峰并峙的伟大诗人李白和杜甫，是盛唐诗坛最杰出的代表。李白的诗歌，继承并发展了前代浪漫主义创作的成就，以他鲜明强烈的爱憎感情、豪迈不羁的性格、神奇莫测的想象、惊世骇俗的笔墨，抒写理想与现实的矛盾，伴随着对政治黑暗以及整个社会秩序的猛烈抨击。其歌行打破了初唐整齐骈偶的拘束，淋漓尽致，清雄奔放。其五、七言绝句则深远醇美，体现了“清水出芙蓉，天然去雕饰”的审美理想。有“诗史”美誉的杜甫诗歌，广阔而深刻地反映了安史之乱前后的时代风貌，开拓了一条通向现实、通向人生的创作道路，又“别裁伪体”、“转益多师”，抒情叙事兼工，古体近体并擅，确是“尽得古今之体势而兼人人之所独专”，把现实主义诗歌推向一个新的更高更成熟的阶段。

随着以“双子星座”李白、杜甫为主要代表的诗人们的隐没，唐代诗歌进入了中唐时期。这一阶段，大致可分为前后两个阶段，是巨星陨落后的相对沉寂时期。当时名声颇高的所谓“大历十才子”，实际成就并不大。跟随王维、孟浩然脚步的刘长卿、韦应物以山水诗见称，较有特色。元结、顾况等人反映现实的作品，可视作杜诗的同调，也是杜甫与白居易之间的桥梁。从贞元中到文宗大和初约三十年，为后一阶段，是继盛唐之后的又一个高潮时期。不同风格流派的优秀诗人相继出现，对诗歌发展的方向，从各个方面进行了大胆的探索。白居易、元稹、张籍、王建、李绅等人继承杜甫的传统，进一步强调诗歌的“美刺”作用，主张“文章合为时而著，歌诗合为事而作”，倡导新乐府运动。与此相反，以韩愈为首，包括孟郊、贾岛等诗人，尚古拙，好奇险，标榜“陈言务去”、“词必己出”，另辟“横空盘硬语”一路。除了这两大派之外，李贺、柳宗元、刘禹锡也是这一时期很有成就的诗人。李贺大量运用比兴，更注意锻造新警奇诡的诗句；柳宗元的模山范水之篇比王维、孟浩然更着意刻画，诗风峻洁而清腴；刘禹锡则又不同，他力求在文人诗与民歌之间闯出一条新路，可谓别创天地。

从文宗大和、开成之后直至唐朝灭亡的七八十年间，史称晚唐。这是唐皇朝的黄昏和没落时期，也是唐诗的晚霞余照时期。随着国势的衰危动乱，诗坛面貌也有很大变化。前二三十年间，以杜牧、李商隐最为杰出，无论古体、近体，都有成就，在艺术上有新的发展。杜牧的七绝熔清新俊朗于一炉，咏史、感怀、抒情、写景，无所不胜。李商隐尤长于七律，深婉绵邈，自成一家。他们的诗歌无论是忧时悯乱、抒政治怀抱，还是写身世际遇、爱情生活，常常流露出浓厚的感伤情调。后五六十年间，诗人数量不少，但造诣均未臻一流。诗风则渐趋华艳纤巧，转向超脱一类的审美追求。这一阶段，有一派继承了白居易新乐府传统的现实主义诗人，值得重视。比较有名的是皮日休、聂夷中和杜荀鹤。他们活跃于黄巢起义前后的诗坛，自觉地实现着“言论关时务，篇章见国风”的文学主张，感情愤激，笔锋犀利，语言浅近，成为唐诗颇有光彩的结响。

5. 宋代诗

鲁迅说过："我以为一切好诗，到唐已被做完。"这是极言诗到唐代，已达极盛而难继的境地，也如清人蒋士铨所说："宋人生唐后，开辟真难为。"（《辨诗》）然而，由于宋代的特殊历史条件以及自具面貌的社会生活，宋代诗人自有其不同于唐代的生活源泉，宋诗人并非只知在唐人之后亦步亦趋，不少也能在唐诗高度成熟的基础上再作开拓发展，显示出自己的独特面貌。宋诗从唐诗发展而来，但其艺术特色一般显别于唐诗，严羽《沧浪诗话·诗辨》概括得相当准确："以文字为诗，以议论为诗，以才学为诗"。"以文字为诗"就是诗的散文化。唐诗中，杜甫已肇其端，到韩愈更有发展。宋诗人尤喜将散文的手法和章法、句法、字法引入诗中。这样，固然在叙事和议论上有其长短，但直叙和铺排太多，赋多而比兴少，也难免使形象性和韵味受损。"以议论为诗"与宋代社会矛盾多端有关，不少作品专论社会问题甚至触及具体政事，哲理诗与禅理诗也很兴盛，其中不乏佳作，有些则很乏味。"以才学为诗"表现为爱好使事用典。宋诗的这些特点既丰富了诗歌的艺术手法，以拗峭瘦硬、长于思理，区别于唐诗的浑雅圆融、长于情韵，但议论过多过直，书卷气过重、生硬晦涩等弊病，也往往使其艺术魅力一般有逊于唐诗。宋代诗人与流派很多。以派别言，北宋最初有西昆体，后又有理学诗和江西诗派，南宋有永嘉四灵、江湖派、隐逸派等。以著名诗人言，则有王禹偁、苏舜钦、梅尧臣、欧阳修、王安石、苏轼、黄庭坚、叶梦得、陈与义、杨万里、范成大、陆游等人。其中，王安石、苏轼的关怀国计民生之作，陆游的爱国主义之作，都有很高的审美价值，以黄庭坚为代表的江西诗派，在艺术上的影响也不小。

6. 明代诗

明代诗歌数量很多，但没有杰出的作家和作品。

7. 清代诗

清初，诗歌创作进入比较活跃的时期，这个时期的诗人很多，成就超过明代。首先值得称道的是由明入清的爱国诗人，较著名的有顾炎武、王夫之、屈大均等，他们在诗中反映了国家民族兴亡大事，寄托自己的故国之思，内容丰富，风格沉雄。除了这些爱国诗人，清初还有几个不同的诗派。钱谦益是清代首开宗宋之风的诗人。清兵南下，他屈节投降，但在诗坛上却居于盟主地位。吴伟业在当时诗坛上也很有名，明亡后，降清出仕一年，其诗宗唐，富于情韵。比钱谦益、吴伟业稍后，诗坛上影响较大的是王士稹。王士稹论诗以神韵为宗，其诗最能表现神韵特色的，大都是描写山水景色和抒发个人情怀的七言绝句，在当时极有声誉。清代中叶，诗坛上拟古主义的诗风又严重起来，不受这种诗风影响的著名诗人有郑燮、袁枚等人。郑燮能面对现实，以诗篇反映劳动人民的痛苦生活，诗风清新流畅。袁枚论诗主"性灵说"，反对复古，他的作品直抒自己的生活感受，但缺乏现实社会内容。另外，黄景仁也是当时著名的诗人，作诗不追求格调，绝大部分作品反映了他个人愁苦的生活。至道光、咸丰年间，由于清统治者的腐朽无能，民族危机日益严重。在这样的历史环境中，诗人们冲破诗坛的沉闷局面，在作品中抒写忧国伤时的情怀，龚自珍是其中的佼佼者。龚自珍把诗作为战斗武器，抨击时政，揭露批判黑暗社会，表现出对光明和自由的热烈追求，作品具有高度的浪漫主义精神，在近代文学史上占有重要地位。同治、光绪年间，随着资产阶级改良主义运动的形成，发生了“诗界革命”。这一诗歌改良运动中的创作成就以黄遵宪最为杰出，他的诗歌反映了新的思想文化和中国近代社会的主要矛盾，富有时代精神。其他如康有为、谭嗣同等人也有不少优秀作品，推动了“诗界革命”。清末，中国资产阶级民主革命逐渐走向高潮，资产阶级革命者秋瑾是这一时期的优秀诗人。她以诗歌为宣传革命的工具，创作力求通俗、自由。她的创作代表了近代文学发展的主流。

8. 现代诗

在“五四”文学革命中，中国的现代文学诞生了。1917 年胡适（1879 ~ 1942 年）首先在《新青年》上发表了白话诗 8 首，并提出“诗体大解放”的主张，倡导不拘格律、不拘平仄、不拘长短的“胡适之体”诗。在新诗诞生过程中，刘半农、刘大白、康白情、俞平伯是创作主力。经过他们的努力，新诗形成了没有一定格律，不拘泥于音韵，不讲雕琢，不尚典雅，只求质朴，以白话入行的基本共性。最早出版的新诗集有：胡适的《尝试集》、俞平伯的《冬夜》、康白情的《草儿》和郭沫若的《女神》。

（二）词的发展历程

1. 唐代词

在诗歌高度发展的环境里，随着城市经济的繁盛和燕乐的流行，唐代还兴起了一种合乐歌唱的新诗体——词。现传最早的唐代民间词是在敦煌发现的曲子词，题材广泛，作者众多，“有边客游子之呻吟，忠臣义士之壮语，隐君子之怡情悦志，少年学子之热望和失望，以及佛子之赞颂，医生之歌诀”（王重民《敦煌曲子词集·叙录》），但艺术上还比较粗糙。中唐以前，文人词的创作还不普遍，张志和、戴叔伦、刘长卿、韦应物、白居易、刘禹锡等人的作品，大都具有清新明畅的特色。相传李白也曾染指，但至今未有定论。到了晚唐，涌现出了一批以填词为主要表现手段的文人词家，温庭筠是最著名的代表。温庭筠善诗，与李商隐齐名，又精于音律，其词用语浓艳绵密，造境隐约幽深，在词体的艺术特征方面作了有益的探索。但题材偏于闺情，虽律精韵胜，但类不出乎绮怨。

2. 五代词

五代时有两个中心，一个是西蜀的成都，一个是南唐的金陵。西蜀词人奉温庭筠为鼻祖，赵崇祚所编的《花间集》，就是这一派的结集，多“镂玉雕琼”“裁花剪叶”之作，有相当浓烈的宫体气息。其中韦庄的词较注重心灵的抒发，洗去了过于浓腻的脂粉，风调清丽疏朗，具有比较真挚的感情。南唐词风与“花间”稍异，大多情致缠绵，吐属清华，在春恨秋思、男女情事的咏叹中，往往渗透着国势飘摇的危苦心情。主要词家是冯延巳、李璟、李煜。冯延巳是唐五代词人中作词最多的一位，他逐渐摆脱了对女子体态服饰的描绘，多托儿女之词，抒家国之慨，委婉情深乃其特色，对北宋词坛影响颇大。以亡国被遣入宋为界，李煜词大体可分前后两期。前期词主要写宫廷生活，未脱燕钗蝉鬓，并无出奇之处。后期的作品，集中书写了从肺腑中流出的、由血泪凝铸而成的深哀巨痛，语言自然率真，意境开拓深沉，有很强的艺术概括力和感染力。在词从娱宾遣兴的应歌之具，发展为歌咏人生的独立抒情文体的历史进程中，李煜作出了积极的贡献。

3. 宋词

宋词甚至赢得了与唐诗并称“一代之文学”的地位。由于词被视作“呈艺”“侑觞”之具，因而早期北宋文人词的主要内容不外是反映个人享乐生活、流连光景、感伤时序，或写都市的繁盛等。但是，由于仕途并非都那么平坦，宦海之中时有风波，因而，有些词人转而以词写身世之感、浮沉之叹，或写出羁旅行役的艰辛。当金兵南侵、汴京城破，皇帝、宗室被掳，后妃相从北辕，繁华凋零、百官星散之后，大量反映遭受侵凌的悲愤，表达杀敌立功愿望的词作纷纷出现。但由于南宋执政者多奉苟安政策，志士请缨无路，于是词中多写北方沦陷的悲恸，对统治集团表示失望和谴责，在感叹自身境遇的同时，也表现出对人民的同情。而由于经过南宋初期的几次战争后，金政权受制于内部困难，无力南侵，南宋政权也无意北伐，形成相对稳定的局面，达官贵人又多醉心于湖山游赏，歌舞流连，上下成风。吟风弄月、饮酒赏花又成为词作之大宗，精究声律、分韵酬酢也成风尚。当元兵灭金后，乘胜南下，攻破杭州，击败了抗元武装之时，爱国词人发出了悲愤的歌唱，宋政权覆亡后，南宋遗民的词作更唱出了“亡国之音哀以思”的悲吟。

在两宋词的发展过程中，其题材尽管有以上的变化和不同时期的侧重，但爱情与闲情实是一以贯之的大宗。古人多有文体分工的概念，在他们心目中，词属于“缘情”的领域，与“明道”的文、“言志”的诗不同。词作为“诗余”，没有讲“理性”与“道学”的任务与资格，只是真实情感的流露。封建社会中，长期以“理”压“情”，宋词正由于其长于写情，寓理于情而博得不少人的喜爱。

4. 清词

清代的词创作也颇为兴盛。清初，成就较高的词人有陈维崧、朱彝尊和纳兰性德等人。陈维崧的词效法苏轼、辛弃疾，气魄豪健，其中抒写身世和怀古吊今的作品尤为出色。他作词计一千六百余首，创作之富居历代词人之首。朱彝尊是浙派词家的代表，他竭力推崇南宋姜夔、张炎，所作的词在字句声律上推敲甚精，内容则比较单薄。纳兰性德以具有南唐词风著称，他的词多抒写离别相思之情，自然流丽，情致缠绵，具有较强的艺术感染力。嘉庆年间，张惠言又开创常州词派，主张词以比兴为重，崇尚含蓄婉约。张惠言本人作品不多，但语言凝练纯静，抒情细致，具有一定的特色。清代词坛基本为浙、常两派的天下。

（三）诗词在提升大学生人文素养上的作用

古典诗词的学习有助于提高大学生的人文素养。充分利用古典诗词在培养学生人文素养中的有利因素，通过适当的途径和方法丰富大学生的历史底蕴，提高审美情趣，展示人格魅力。

1. 高尚的思想情操

古典诗词大多为仁人志士、文人墨客所作，他们的思想感情或爱国律己，或忧国忧民，或“先天下之忧而忧，后天下之乐而乐”，或傲视权贵追求自由，或远离官场保持人格的纯洁。例如，学习《伐檀》《硕鼠》，学生可以体会奴隶们的那种不满奴隶主的剥削，追求幸福美满生活的思想感情，教育学生热爱如今的生活，热爱当今的社会；学习杜甫的《茅屋为秋风所破歌》，可以了解诗人“自经丧乱少睡眠”的原因，是诗人在忧国忧民，从而体会到他的那种“安得广厦千万间，大庇天下寒士俱欢颜，风雨不动安如山”“吾庐独破受冻死亦足”的博大胸怀；学习范仲淹的《岳阳楼记》，可以学习诗人的那种“不以物喜，不以己悲”“先天下之忧而忧，后天下之乐而乐”的伟大精神；学习李白的《梦游天姥吟留别》，可以使学生被诗人的那种“安能摧眉折腰事权贵，使我不得开心颜”的人格所折服；学习陶渊明的《归园田居》等诗，可以让学生学习诗人为了保持自己人格的纯洁而放弃污浊的官场生活，追求人格的“返璞归真”的可贵品质；学习白居易《琵琶行》，可以被诗人的“同是天涯沦落人，相逢何必曾相识”的心情所感染。

2. 深厚的历史文化底蕴

古典诗词中蕴涵着丰富的典故，通过学习，可以了解到许多古代的历史人物和事件。例如，通过学习屈原的《涉江》，可以了解到“接舆髡首，桑扈裸行”“伍子缝殃，比干菹醢”的典故，从中了解到许多古人的性格品行；学习辛弃疾的《永遇乐·京口北固亭怀古》，可以了解到“廉颇老矣，尚能饭否”的典故，学习廉颇为国效力的精神。在古典诗词中，引用了许许多多的典故，在教学中，我们要正确指导学生学习和理解这些典故，从中去了解和学习历史，这是一部较好的历史教材。

古典诗词中蕴涵着丰富的中华文化，通过学习，可以不断强化学生的古代文化的积淀。例如，学习柳永的《雨霖铃》中的“杨柳岸，晓风残月”的诗句，可以让学生了解古人“折柳送别”的习俗，从而让学生理解诗人睹物思人的心情；学习白居易的《琵琶行》中的“杜鹃啼血猿哀鸣”的诗句，可以让学生了解古代的传说以及古人常用“杜鹃啼血”来形容感情的悲切的习惯；学习《孔雀东南飞》中的“孔雀东南飞，五里一徘徊”的诗句，可以让学生了解汉人诗常以鸿鹄徘徊比喻夫妇离别的习惯；学习诗句“春风不度玉门关”“画图省识春风面”可以使学生了解古人以“春风”来喻“皇帝的恩惠”或“皇帝本人”，从而知道古诗中的“春风”多指此意。

通过学习古典诗词，有利于吸取中华文化的精髓，培养民族感，弘扬民族精神，张扬民族个性。

3. 高雅的审美情趣

丰富的审美体验可以从文学教育入手，通过文学的陶冶，即铸成了心灵上的审美，在优美的作品感染熏陶下，受到美的教育，从而培养和提高学生的审美能力和审美情趣。为历代读者所喜闻乐见，对培养学生的审美能力非常适宜。学习古诗词，体味作品中反映的生活美、自然美、情感美、艺术美、语言美，诗词直接诉诸情感，又有节奏，语短意长，易于记诵，使人百读不厌，无形中受到熏陶。读《静女》《蒹葭》等，青年男女对爱情的喜悦和忧伤，就会深深触动我们的情感之弦；读杜甫《春夜喜雨》的“喜”与《春望》的“忧”带给读者截然不同的感受。“草色遥看近却无”是初春，“接天莲叶无穷碧”是盛夏，“忽如一夜春风来，千树万树梨花开”以春花喻严冬，妙不可言，“千里莺啼绿映红，水村山郭酒旗风”景象宏大，美不胜收。《桃花源记》引起人们无限的向往，《小石潭记》、《满井游记》、《醉翁亭记》又带给人们无尽的留恋。

4. 丰富的人格特征

古典诗文对培养健康人格，豁达的心境也有重要作用。古典诗文中人物的不同人生境界，能促使我们以积极的心态去面对社会，并且能够给我们带来生活启示。

曹操在《观沧海》中这样写道：“东临碣石，以观沧海。水何澹澹，山岛耸峙。树木丛生，百草丰茂。秋风萧瑟，洪波涌起。日月之行，若出其中，星汉灿烂，若出其里。”体现了政治领袖人物的宏大气魄，高远的志向，坚定的信心，卓越的毅力和雄伟的气势。有君临天下之气度与坚若磐石般的信心和意志，能激发起读者积极向上的奋进精神。陶渊明在其诗《归园田居》(其一）中写道：“羁鸟恋旧林，池鱼思故渊……久在樊笼里，复得返自然。”在《饮酒》(其五）中写道：“结庐在人境，而无车马喧……此中有真意，欲辩已忘言。”陶诗之所以千古英名，激动人心，就在于他创造了一个宁静平和的精神境界。这样一种淡泊名利、追求自然和谐的精神，难道不是今天我们的社会所需求的吗？这样一种精神境界，留给人的是一种无尽的向往，而美的享受就在这无尽的向往中。

四、案例讨论

火遍中华大地的诗词大会

在中央电视台的《中国诗词大会》节目中，复旦大学附属中学高一女生——武亦姝因出色表现一夜走红，更在总决赛中一举夺冠。这位斯斯文文戴一副眼镜的长发女孩，在屏幕上神闲气静、从容应对，最终以《诗经》里“七月在野，八月在宇，九月在户，十月蟋蟀入我床下”一句在“月”字“飞花令”环节胜出，让网友们一致表示服气，更引领终日看电影吃薯条的我们再一次感受了祖先留下的古典诗词的美，再一次醒悟到，这些中华文化的经典，是我们生命涂抹不去的底色，终将一遍又一遍跨越着古今，异代同调地书写着我们的情思与家国。这不是诸见报端、性质已变的汉服唐装诵经班所可以替代的。不过，复旦大学附属中学的语文教研组长胡荣华，面对盛誉，反而吐了一番苦水：素质教育与应试教学不易协调。即便是在古诗词的教学中，应试模式也是首当其冲。据报道，武亦姝能背2000首古诗词，这更多源于其个人对诗词的爱好，并不具有普遍性。

可喜的是，素质教育的普遍性正在今天默默铺展开来，《中国诗词大会》这类节目不过是其中一例。放眼中国和西方，人文传统即便被边缘化，即便是在苟延残喘，终究是顽强地生存了下来。就西方古典教育的“自由七艺”，即所谓的“seven arts”而言，它将其中的文法和修辞改造成人文精神的培养，学生在这样的体系下学会了读与写，更重要的是将其作为一种逝去的语言的学习。由此，拉丁文古典文献中演绎昭示出的人文主义从文本走向社会，逐渐普及开来。其最重要的核心，是培养学生做一个正直的人。这与我们今天见证的中国古典诗词启蒙热情，何曾不是殊途同归。

法国社会学家布迪厄在他的名著《区隔》中，提出文化也是一种资本，可以与经济资本和社会资本一样发生功用。文化资本如何获得？在布迪厄看来，它应是有赖于从婴幼时代起，在家庭内部不知不觉早早获得的全部知识。也就是说，一个人的文化修养，更多取决于家庭和社会环境。

良好的教育固然重要，而良好的家庭和社会氛围更为关键。良好教育使人具有的素养远不是各式各样的礼仪补习班里可以刻舟求剑、缘木求鱼地获取。布迪厄原本意在阐明精英阶级同工人阶级的格格不入，举例或许有所夸张。但是今天我们普遍感到人文缺失，普遍在急功近利，揠苗助长，这也是无奈的事实。人文教育的特征是厚积薄发，且待已经体现可观效应的《中国诗词大会》这类节目，“随风潜入夜，润物细无声”。

问题讨论

1. 如何鉴赏诗歌？

2. 诗歌给你的生活及心灵带来什么影响？

3. 新时期，中国古典诗歌应该以何种形式走进大学生的生活？

五、拓展提升

诗词欣赏

1. 男儿何不带吴钩，收取关山五十州。 ——李贺（唐）《南园》
2. 未收天子河湟地，不拟回头望故乡。 ——令狐楚（唐）《少年行》
3. 中华儿女多奇志，不爱红装爱武装。 ——毛泽东
4. 王师北定中原日，家祭无忘告乃翁。 ——陆游（宋）《示儿》
5. 手持三尺定山河，四海为家共饮和。 ——洪秀全（清）《吟剑诗》
6. 朱门酒肉臭，路有冻死骨。 ——杜甫（唐）《自京赴奉先咏怀五百字》
7. 捐躯赴国难，视死忽如归。 ——曹植（魏晋）《白马篇》
8. 无言独上西楼，月如钩，寂寞梧桐深院锁清秋。 ——李煜（南唐）《相见欢》
9. 身无彩凤双飞翼，心有灵犀一点通。 ——李商隐（唐）《无题》
10. 穷年忧黎元，叹息肠内热。 ——杜甫（唐）《自京赴奉先咏怀五百字》
11. 心事浩茫连广宇，于无声处听惊雷。 ——鲁迅《无题·万家墨面没蒿莱》
12. 苟利国家生死以，岂因祸福避趋之。 ——林则徐（清）《赴戍登程口占示家人》
13. 一年三百六十日，多是横戈马上行。 ——戚继光（明）《马上作》
14. 位卑未敢忘忧国，事定犹须待阖棺。 ——陆游（宋）《病起书怀》
15. 杜鹃再拜忧天泪，精卫无穷填海心！ ——黄遵宪（汉）《赠梁任父母同年》
16. 长太息以掩涕兮，哀民生之多艰。 ——屈原（先秦）《离骚》
17. 只解沙场为国死，何须马革裹尸还。 ——徐锡麟（清）《出塞》
18. 我自横刀向天笑，去留肝胆两昆仑！ ——谭嗣同（清）《狱中题壁》
19. 试看天堑投鞭渡，不信中原不姓朱！

——郑成功（明）《出师讨满夷自瓜州至金陵》

20. 拼将十万头颅血，须把乾坤力挽回。

——秋瑾（清）《黄海舟中日人索句并见日俄战争地图》

21. 寄意寒星荃不察，我以我血荐轩辕。 ——鲁迅《自题小像》
22. 五岭逶迤腾细浪，乌蒙磅礴走泥丸。 ——毛泽东《长征》
23. 抚剑长号归去也，千山风雨啸青锋。 ——康有为（清）《出都留别诸公》
24. 烽火连三月，家书抵万金。 ——杜甫（唐）《春望》
25. 为有牺牲多壮志，敢教日月换新天。 ——毛泽东《到韶山》
26. 忍看朋辈成新鬼，怒向刀丛觅小诗。 ——鲁迅《惯于长夜过春时》
27. 医得眼前疮，剜却心头肉。 ——聂夷中（唐）《咏田家》
28. 乱花渐欲迷人眼，浅草才能没马蹄。 ——白居易（唐）《钱塘湖春行》
29. 但使龙城飞将在，不教胡马度阴山。 ——王昌龄（唐）《出塞》
30. 四海翻腾云水路，五洲震荡风雷激。 ——毛泽东《满江红·和郭沫若同志》
31. 临患不忘国，忠也；思难不越官，信也；图国忘死，贞也；谋主三者，义也。

——《左传·昭公元年》

32. 日暮乡关何处是，烟波江上使人愁。 ——崔颢（唐）《黄鹤楼》
33. 横眉冷对千夫指，俯首甘为孺子牛。 ——鲁迅《自嘲》
34. 在天愿作比翼鸟，在地愿为连理枝。 ——白居易（唐）《长恨歌》
35. 一腔热血勤珍重，洒去犹能化碧涛。 ——秋瑾（清）《对酒》
36. 人生自古谁无死，留取丹心照汗青。 ——文天祥（宋）《过零丁洋》
37. 春蚕到死丝方尽，蜡炬成灰泪始干。 ——李商隐（唐）《无题》
38. 竹外桃花三两枝，春江水暖鸭先知。 ——苏轼（宋）《题惠崇春江晚景》
39. 山重水复疑无路，柳暗花明又一村。 ——陆游（宋）《游山西村》
40. 关关雎鸠，在河之洲。窈窕淑女，君子好逑。 ——《诗经·周南·关雎》
41. 天下兴亡，匹夫有责。 ——顾炎武（明末清初）《日知录·正始》
42. 粉身碎骨浑不怕，要留清白在人间。 ——于谦（明）《石灰吟》
43. 横看成岭侧成峰，远近高低各不同。 ——苏轼（宋）《题西林壁》
44. 学而不思则罔，思而不学则殆。 ——《论语》
45. 三十功名尘与土，八千里路云和月。莫等闲，白了少年头，空悲切。

——岳飞（宋）《满江红·写怀》
46. 头颅肯使闲中老？祖国宁甘劫后灰？无限伤心家国事，长歌慷慨莫徘徊。

——秋瑾（清）《柬某君》
47. 人生自是有情痴，此恨不关风与月。

——欧阳修（宋）《玉楼春·尊前拟把归期说》
48. 志不强者智不达，言不信者行不果。 ——《墨子·修身》
49. 大江歌罢掉头东，邃密群科济世穷。面壁十年图破壁，难酬蹈海亦英雄。

——周恩来《无题》
50. 先天下之忧而忧，后天下之乐而乐。 ——范仲淹（宋）《岳阳楼记》
51. 杀身有地初非惜，报国无时未免愁。 ——陆游（宋）《登慧照寺小阁》
52. 孤帆远影碧空尽，惟见长江天际流。 ——李白（唐）《送孟浩然之广陵》
53. 只愿君心似我心，定不负相思意。 ——李之仪（宋）《卜算子·我住长江头》
54. 衣带渐宽终不悔，为伊消得人憔悴。

——柳永（宋）《蝶恋花·伫倚危楼风细细》
55. 丈夫当为国，破敌如摧山。 ——韦应物（唐）《寄畅当》
56. 商女不知亡国恨，隔江犹唱后庭花。 ——杜牧（唐）《泊秦淮》
57. 落花人独立，微雨燕双飞。 ——晏几道（宋）《临江仙二首其二》
58. 乡书何处达？归雁洛阳边。 ——王湾（唐）《次北固山下》
59. 忧国耻为睁眼瞎，挺身甘上断头台。 ——《革命烈士诗抄·熊亨瀚诗》
60. 僵卧孤村不自哀，尚思为国戍轮台。 ——陆游（宋）《十一月四日风雨大作》
61. 举世皆浊我独清，众人皆醉我独醒。 ——屈原（先秦）
62. 山回路转不见君，雪上空留马行处。 ——岑参（唐）《白雪歌送武判官归京》
63. 老骥伏枥，志在千里；烈士暮年，壮心不已。 ——曹操（东汉）《龟虽寿》
64. 结发为夫妻，恩爱两不疑。 ——苏武（汉）《留别妻》
65. 爱国不分先与后，徘徊终久误前程。 ——朱蕴山《赠台湾旧友》
66. 桃花潭水深千尺，不及汪伦赠我情。 ——李白（唐）《赠汪伦》

67. 日月之行，若出其中；星汉灿烂，若出其里。 ——曹操（东汉）《观沧海》
68. 闲居非吾志，甘心赴国忧。 ——曹植（魏晋）《杂诗七首》
69. 愿我如星君如月，夜夜流光相皎洁。 ——范成大（宋）《车遥遥篇》
70. 爆裂同拼歼贼臣，男儿爱国已忘身。 ——秋瑾（清）《吊吴烈士樾》
71. 常思奋不顾身，而殉国家之急。 ——司马迁（西汉）《报任少卿书》
72. 执手相看泪眼，竟无语凝噎。 ——柳永（宋）《雨霖铃·寒蝉凄切》
73. 旧时王谢堂前燕，飞入寻常百姓家。 ——刘禹锡（唐）《乌衣巷》
74. 富贵不能淫，贫贱不能移，威武不能屈。 ——孟子《滕文公下》
75. 行人莫问当年事，故国东来渭水流。 ——许浑（唐）《咸阳城东楼》
76. 换我心，为你心，始知相忆深。 ——顾敻《诉衷情·永夜抛人何处去》
77. 国人无爱国心者，其国恒亡。 ——李大钊《厌世心与自觉心》
78. 众里寻他千百度，蓦然回首，那人却在灯火阑珊处。
——辛弃疾（宋）《青玉案·元夕》
79. 忆君心似西江水，日夜东流无歇时。 ——鱼玄机（唐）《江陵愁望有寄》
80. 小来思报国，不是爱封候。 ——岑参（唐）《送人赴西安》
81. 长风破浪会有时，直挂云帆济沧海。 ——李白（唐）《行路难》
82. 茅檐长扫净无苔，花木成畦手自栽。 ——王安石（北宋）《书湖阴先生壁》
83. 沉舟侧畔千帆过，病树前头万木春。
——刘禹锡（唐）《酬乐天扬州初逢席上见赠》
84. 三万里河东入海，五千仞岳上摩天。遗民泪尽胡尘里，南望王师又一年。
——陆游（宋）《秋夜将晓出篱门迎凉有感》
85. 独有英雄驱虎豹，更无豪杰怕熊罴。 ——毛泽东
86. 接天莲叶无穷碧，映日荷花别样红。 ——杨万里（宋）《晓出净慈寺送林子方》
87. 春风又绿江南岸，明月何时照我还？ ——王安石（北宋）《泊船瓜洲》
88. 生当作人杰，死亦为鬼雄。至今思项羽，不肯过江东。
——李清照（宋）《夏日绝句》
89. 四十年来家国，三千里地山河。 ——李煜（南唐）《破阵子·四十年来家国》
90. 相思似海深，旧事如天远。 ——乐婉（宋）《卜算子·答施》
91. 以家为家，以乡为乡，以国为国，以天下为天下。 ——《管子·牧民》
92. 老当益壮，宁移白首之心；穷且益坚，不坠青云之志。
——王勃（唐）《滕王阁序》
93. 一箫一剑平生意，负尽狂名十五年。 ——龚自珍（清）《漫感》
94. 相恨不如潮有信，相思始觉海非深。 ——白居易（唐）《浪淘沙》
95. 臣心一片磁针石，不指南方不肯休。 ——文天祥（宋）《扬子江》
96. 非淡泊无以明志，非宁静无以致远。 ——诸葛亮（汉）《诫子书》
97. 一身报国有万死，双鬓向人无再青。 ——陆游（宋）《夜泊水村》
98. 天涯地角有穷时，只有相思无尽处。 ——晏殊（宋）《玉楼春·春恨》
99. 平生不会相思，才会相思，便害相思。 ——徐再思（元）《折桂令·春情》
100. 小楼昨夜又东风，故国不堪回首月明中。
——李煜（南唐）《虞美人·春花秋月何时了》

第二节 千古文章

一、人文箴言

文所以载道也，轮辕饰而人弗庸，涂饰也。况虚车乎？文辞，艺也；道德，实也。美则爱，爱则传焉。贤者得以学而至之，是为教。故曰：‘言之不文，行之不远。’然不贤者。虽父兄临之，师保勉之，不学也；强之，不从也。不知务道德而第以文辞为能者，艺焉而已。

——周敦颐《通书·文辞》

二、案例导读

文学滋养心灵，文学促我成长

小王是一名90后大学生，也是一个文学青年。她从小酷爱文学，喜欢看书，喜欢读各种类型的文章，她的童年里，书是她最亲密的朋友。升入大学后，她加入了校文学社、院学生会、校学生会编辑部工作，由于文笔好，表现出色，顺利地成为了校编辑部部长，在老师的推荐下，她加入了学校的通讯社，成为了一名校通讯员，曾获得“优秀文学社社员”和“校优秀学生干部”的荣誉称号。她勤奋学习，善于思考，一直坚持读书、写作。在工作中，写作水平也得以显著提升，目前也负责学校微信公众平台的编辑工作。

小王这样说，加入学校的文学社，这是我第一次感觉如此靠近文学。我发现，我可以自由地在文章里写自己的真实想法了，写作变成了我生活中最大的乐趣。在学校的日子里，在老师的带领和指导下，作为一名编辑部的干部，我们善于发现校园内外的各种新闻，把它记录下来。特别是到了校通讯社，我会在校园内到处采访，在采访过程中，我学会冷静地思考问题、处理问题，解决问题，组织能力、管理能力和语言表达能力不知不觉地培养出来，并逐渐提升。编辑部的写作，让我懂得写作的过程也是对灵魂洗涤的过程，你必须懂得要在自己的写作过程中不断提升自己的思想境界，就像攀登山峰那样，只有站得越高，才能看得越远，才能看到许多别人想看而看不到的东西。

如今，写作早已成为小王生命中不可分割的一部分。写作是她的梦想，让她快乐，让她成长，因为许许多多的理由，所以她选择了写作，选择做一个忠于自己梦想的人。

她说“感谢文学社给我带来飞翔的感觉，一旦拥有，就不会轻易交出翅膀，我会加倍珍惜。在文学的道路上，我将迈着更矫健的步伐，为校园文学的发展再添光彩”。

三、知识点链接

（一）古文的发展历程

1. 先秦散文

春秋战国时代的散文可分为两大派：史传散文与诸子散文。当时的散文之所以会大量出现、发展，成为先秦时代散文最重要的时代，是因为春秋战国之际，因为农业生产力的发展，增加了土地的利润，也增加了土地的侵占掠夺情形；且当时列国并立，竞争激烈，经常有兴亡纷争的事件发生，需要有文章记载这些事情。于是史传散文应运而生，并且开始迅速发展。同时，因为农业生力的发展，间接造成商业繁荣，商人抬头。当时有不少富商置身政治舞台，而封建制度则日趋毁坏，从此贵族没落，平民崛起。贵族在封建制度破坏后流落民间，与庶民无异，只能以传授知识技能谋生，学术文化也从贵族专有普及于民间。再加上社会政治的影响，一般的才智之士，可以抒发己见，用以劝谏君王，或著书立作，匡救时弊，百家争鸣局面由此产生，于是有诸子散文的产生，并且呈现长足的进步，与史传散文互相辉映。

2. 汉赋

汉赋是在汉代涌现出的一种有韵的散文，它的特点是散韵结合，专事铺叙。从赋的形式上看，在于“铺采摛文”；从赋的内容上说，侧重“体物写志”。汉赋的内容可分为五类：一是渲染宫殿城市，二是描写帝王游猎，三是叙述旅行经历，四是抒发不遇之情，五是杂谈禽兽草木。而以前二者为汉赋之代表。

赋是汉代最流行的文体。在两汉 400 年间，一般文人多致力于这种文体的写作，因而盛极一时，后世往往把它看成是汉代文学的代表。汉赋分为大赋和小赋。大赋又叫散体大赋，规模巨大，结构恢宏，气势磅礴，语汇华丽，往往是成千上万言的长篇巨制。西汉时的贾谊、枚乘、司马相如、扬雄，东汉时的班固、张衡等，都是大赋的行家。小赋扬弃了大赋篇幅冗长、辞藻堆砌、舍本逐末、缺乏情感的缺陷，在保留汉赋基本文采的基础上，创造出篇幅较小、文采清丽、讥讽时事、抒情咏物的短篇小赋，赵壹、蔡邕、祢衡等都是小赋的高手。

3. 魏晋南北朝文

汉末魏时，气势盛，辞采飞扬。南北朝是骈文发展盛行的时代，它的出现标志着散文表现技巧的提高、美文学意识的觉醒和文章观念上的更新。但是，由于骈文多是出入宫廷的文学世族所作，作品缺乏充实内容，只一味地追求形式上的华丽，遂使骈文逐渐堕入唯美主义的冰河。这一事实本身就昭示着骈文需要改造。只有从堆垛辞藻和典事过多的死胡同里走出来，才能摆脱处于搁浅的困境。

4. 隋唐散文

隋代文风上承南北朝宫体文学的浮华轻靡。唐的统一为文学的发展提供了新的环境和可能。“四杰”是骈文名家，他们的骈体文除辞藻华艳之外，又加进了俊逸刚健，没有堆砌芜杂的毛病。虽然还没完全脱离六朝文风，但毕竟表现出新的追求和倾向。“四杰”和陈子昂的散文代表了初唐文风改革的两个方向，一是骈体文本身的洗心革面；一是散体文章浓厚的儒家精神和风格近古。这两种倾向左右了其后的唐代文坛。中兴古文的先趋者韩愈、柳宗元提倡“文以载道”，也就是要用散文阐明儒道的基本宗旨，摆脱骈偶体裁的束缚，使形式为内容服务。晚唐时期古文衰落，骈文复兴。政治日趋腐败，文人们在忧时悯乱、伤感身世之余，转以沉迷声色自我麻醉，爱好华艳纤巧的风尚重新在文坛流行起来。

5. 宋代散文

宋初，承唐末五代的陋习，骈文盛行，学者只知道雕琢字面，堆砌辞藻，外型虽然装饰得美丽，但却没有真实的情感，在文学上实在没什么价值。柳开、穆修、尹洙等，要变更当时的文体，只因能力薄弱，没有多大影响。直至欧阳修出现，倡导师法韩愈、柳宗元，力扫雕琢堆砌之弊，才使宋初华丽的风气为之一变。

6. 元代的散文

元代的散文，仍是沿袭着唐宋古文的发展，虽不能有宋代那样辉煌的成就，但散文作家仍是不少。

7. 明代散文

明代，文学辉煌，其散文创作领域，也高手如林，风格多样，流派纷呈。著名的散文家，以宋濂、刘基、高启、方孝儒等人为代表。他们携带着一股清新刚劲的文风。他们大部分从事创作于元末，多起于民间或下层官吏，亲身感受过民生的疾苦、社会的疮痍，抱有匡时济世的理想，并且学识渊博，善著文章。虽然在学术思想上仍为脱离宋、元理学的轨辙，但由于他们有着较深厚的生活基础，故能超越理学的束缚，写出反映时代精神的作品。这些作品或感叹人生变故，或渴求天下治安，或记叙高人奇事，或探索兴衰之道，将元明之际的社会生活毕现其中。其文风苍劲悲凉，闳深雄丽。

8. 清代散文

清代的散文在桐城派的领导之下，自成一格，可以说是桐城派的天下。内容多是宣传儒家思想，尤其是程朱理学；语言则力求简明达意，条理清晰，“清真雅正”。他们的许多散文都体现了这一特点。

（二）古代小说的发展历程

中国古代小说（先秦—鸦片战争前）的发展道路是漫长而曲折的，从“酝酿—雏型—成熟—转变—繁盛”，体现了古代人民为创造民族的文学样式，民族的文学精品，所付出的艰辛劳动。

1. 小说萌芽

从艺术的渊源上说，中国小说的萌芽状态可以追溯到远古神话，《山海经》被称为“古今小说之祖”。先秦的史传文对小说的影响也很明显，《战国策》因其叙事的成熟完备及其中多篇显著的虚构色彩，更是被当作最初的小说体裁之一——杂史小说的开端。

2. 汉代小说

汉代出现了第一篇初具规模的杂史小说《燕丹子》，它比《史记·刺客列传》中的“荆轲传”更富传奇色彩。

3. 魏晋南北朝小说

中国小说初具规模是在魏晋南北朝时代，其标志就是小说由写事为主转向写人及其性格特征为主，从而确定了人在小说中的主体地位。按内容可分为志怪和志人两类，前者以写神灵鬼怪及其妖异怪诞之事为主，代表是晋代干宝的《搜神记》；后者以记载人物的闲闻轶事为主，代表是南朝刘义庆的《世说新语》。这也是文言小说的第一个高峰。

4. 唐代传奇小说

中国古代小说真正成熟的标志是唐代传奇的出现与繁荣。他们在内容的丰富性、题材的多样性、人物的形象性、故事的艺术性和文笔的生动性等方面都是六朝小说所无可比拟的。涌现出一系列优秀传奇小说，如陈鸿的《长恨歌传》、沈既济的《枕中记》、李公佐的《南柯太守传》、李朝威的《柳毅传》、白行简的《李娃传》、蒋防的《霍小玉传》、元稹的《莺莺传》、杜光庭的《虬髯客传》等。内容以言情为主，搜奇记逸，文字婉转华艳，代表着早期文言小说艺术的最高成就，是文言小说的第二个高峰。

5. 宋代话本小说

宋代出现了话本小说，它是民间说书人讲史或演说的底本，直接取材于现实生活，表达市民心声。如《碾玉观音》《快嘴李翠莲记》《错斩崔宁》等，都是脍炙人口之作，也是中国白话小说的滥觞之作。

6. 明清小说

明代掀起文人模仿话本风格而改编创作“拟话本”的高潮，“三言”、“二拍”、“一型”为其代表，也是古代白话小说的第一个高峰。“三言”即由冯梦龙选编加工而成的三部短篇小说集《喻世明言》、《警世通言》、《醒世恒言》，它对民间文学的继承与革新，它的现实主义精神与白话短篇的形式，直接推动了拟话本的繁荣，《杜十娘怒沉百宝箱》是其优秀代表。“二拍”即凌蒙初的《初刻拍案惊奇》和《二刻拍案惊奇》，它比“三言”更注意求奇求巧和强调自身的创作主体意识。“一型”即陆人龙的《型世言》，创作精神由改编变为独创，重视小说议论和教化作用。

中国古代小说的全面繁荣和辉煌是明清章回体白话长篇小说和文言短篇小说的全面丰收与总结。白话长篇主要包括：元末明初罗贯中的《三国演义》(第一部白话长篇历史小说，章回小说的开山之作)、施耐庵的《水浒传》(第一部以农民起义为题材的白话长篇小说，开小说英雄传奇之先河)；明代兰陵笑笑生的《金瓶梅》(开文人独立创作白话小说的先河，力促世情小说的成熟与繁荣)、吴承恩的《西游记》(第一部长篇神魔小说，浪漫主义白话长篇小说的杰出代表)；清代吴敬梓的《儒林外史》(中国讽刺文学的集大成者)、曹雪芹的《红楼梦》(人情小说的集大成者，古代白话小说的高峰与总结，代表着白话小说的最高成就，是一部内涵极为丰厚的鸿篇巨制)。皇皇巨著，构筑起古代白话小说的第二座高峰。清代蒲松龄的《聊斋志异》是一部文言短篇小说集，代表着文言小说的最高成就，是我国古代文言小说的第三个高峰。

（三）大学生学习古文的方法

1. 背诵积累求内化

中华文化源远流长，博大精深，大量优美动人的经典古文就是一部中华文化大全，从社会历史的沿袭变迁到节日的风俗人情，从寄情山水田园归隐到边塞征战登高怀古，无所不及。经典的文言文意蕴优美、文字精粹、情感真切、意蕴深刻，背诵文言文对提升高中生的写作能力有着不可估量的巨大作用。大量背诵，能积淀丰厚的文化知识，内化为自身的知识储备。我们学习文言文，既要体会文章的音韵之美、文字之精、情感之切、意蕴之深，更要使其中优美的字词句段成为自我语言仓库中的一部分，从而充实写作素材，促进语言的发展，提高学生的写作能力，进而提升学生的人文素养。

2. 锤炼整合贵融通

文言作品蕴含着几千年的民族思想文化、中华民族的民族精神和古人的生存智慧，具有非常丰厚的精神内涵。如老子顺其自然、听任天命的超凡物外的洒脱精神，孟子杀身成仁、舍生取义的牺牲精神，林则徐“苟利国家生死以，岂因祸福避趋之”的担当精神，孙敬苏秦头悬梁锥刺骨自强不息的奋斗精神，陶渊明“采菊东篱下，悠然见南山”的愉悦、淡泊之品性，《谏太宗十思疏》中“水能载舟，亦能覆舟”的动态变化规律的哲学论断，《游褒禅山记》悟出“学者不可不深思而慎取之”的道理……这些都是中华民族优秀传统文化和道德思想的集中体现。文言文教学中梳理、鉴赏这些优秀传统文化可以加深学生个体的精神底蕴，塑造完美的人格，从而积淀传统文化。

四、案例讨论

在读书中成长

高尔基曾经说过：“书籍是人类进步的阶梯。”意思是说，书籍是直接经验的积累，是一种传递知识的方式，书籍把一部分人获得的知识更广泛地传播，促进了不同地域不同种族的文化和知识的交流的融合，所以说，书籍在一定程度上推动了人类的进步，读书对我们人类的进步形成了很大的影响。

俗话说：“读书破万卷，下笔如有神。”有一些人，面对一篇作文，就算是绞尽脑汁，用尽脑细胞也想不出来。相反，那些爱好看书，喜欢看书的人，写文章时，得心应手，信手拈来，分分钟就可以把一篇作文搞定。书读多了，可以让人有自信，走起路来都是雄赳赳气昂昂，可以侃侃而谈，让别人觉得你是一个博学多才的人。

多读书，可以让你成为一个有家教、有教养的文化人。因为书多读了就会从书中学到很多的东西，就会很有气质。有一句话说：第一印象最重要。如果你给别人的第一印象是个大老粗，很粗俗，很鲁莽，动不动就大喊大叫，坐没坐相站没站相，那或许就会让别人对你有看法。如果你给别人的第一印象是个斯文，该做什么做什么，对待人有礼貌，该说什么说什么的人，人家就愿意和你在一起聊天、说话。

多读书，可以让你变聪明，可以让你面对难题时不会慌张，会冷静地思考。书可以让你变得智慧，你就可以勇敢地面对一切，不必要害怕。

书，就是我们成长必须依靠的工具。只要多读书，就会有所成就。将书中主人公做的对的事记在心里，可以让人变得更加睿智。做错的事也记在心里，当做一个教训，下次遇到这样的事情就会知道如何去处理。这样就能让你不断地进步，不断地蜕变。

问题讨论

1. 如何鉴赏经典文学？

2. 请为大家介绍你最喜欢的一篇古文。

3. 新时期，中国古典文学应该以何种形式走进大学生的生活？

五、拓展提升

10篇古文经典节选

陋室铭

刘禹锡

山不在高，有仙则名。水不在深，有龙则灵。斯是陋室，惟吾德馨。苔痕上阶绿，草色入帘青。谈笑有鸿儒，往来无白丁。可以调素琴，阅金经。无丝竹之乱耳，无案牍之劳形。南阳诸葛庐，西蜀子云亭。孔子云：何陋之有？

师　说

韩　愈

古之学者必有师。师者，所以传道受业解惑也。人非生而知之者，孰能无惑？惑而不从师，其为惑也，终不解矣。生乎吾前，其闻道也固先乎吾，吾从而师之；生乎吾后，其闻道也亦先乎吾，吾从而师之。吾师道也，夫庸知其年之先后生于吾乎？是故无贵无贱，无长无少，道之所存，师之所存也。

孟子·告子

孟　子

舜发于畎亩之中，傅说举于版筑之间，胶鬲举于鱼盐之中，管夷吾举于士，孙叔敖举于海，百里奚举于市。故天将降大任于是人也，必先苦其心志，劳其筋骨，饿其体肤，空乏其身，行拂乱其所为，所以动心忍性，曾益其所不能。

劝　学

荀　子

吾尝终日而思矣，不如须臾之所学也；吾尝跂而望矣，不如登高之博见也。登高而招，臂非加长也，而见者远；顺风而呼，声非加疾也，而闻者彰。假舆马者，非利足也，而致千里；假舟楫者，非能水也，而绝江河。君子生非异也，善假于物也。

积土成山，风雨兴焉；积水成渊，蛟龙生焉；积善成德，而神明自得，圣心备焉。故不积跬步，无以至千里；不积小流，无以成江海。骐骥一跃，不能十步；驽马十驾，功在不舍。锲而舍之，朽木不折；锲而不舍，金石可镂。蚓无爪牙之利，筋骨之强，上食埃土，不饮黄泉，用心一也。蟹六跪而二螯，非蛇鳝之穴无可寄托者，用心躁也。

过秦论

贾谊

及至始皇，奋六世之余烈，振长策而御宇内，吞二周而亡诸侯，履至尊而制六合，执敲扑而鞭笞天下，威振四海。南取百越之地，以为桂林、象郡；百越之君，俯首系颈，委命下吏。乃使蒙恬北筑长城而守藩篱，却匈奴七百余里；胡人不敢南下而牧马，士不敢弯弓而报怨。于是废先王之道，焚百家之言，以愚黔首；隳名城，杀豪杰；收天下之兵，聚之咸阳，销锋镝，铸以为金人十二，以弱天下之民。然后践华为城，因河为池，据亿丈之城，临不测之渊，以为固。良将劲弩守要害之处，信臣精卒陈利兵而谁何。天下已定，始皇之心，自以为关中之固，金城千里，子孙帝王万世之业也。

涉 江

屈原

余幼好此奇服兮，年既老而不衰。带长铗之陆离兮，冠切云之崔嵬。被明月兮珮宝璐。世溷浊而莫余知兮，吾方高驰而不顾。驾青虬兮骖白螭，吾与重华游兮瑶之圃。登昆仑兮食玉英，与天地兮比寿，与日月兮齐光。哀南夷之莫吾知兮，旦余济乎江湘。

廉颇蔺相如列传

司马迁

秦王坐章台见相如，相如奉璧奏秦王。秦王大喜，传以示美人及左右，左右皆呼万岁。相如视秦王无意偿赵城，乃前曰："璧有瑕，请指示王。"王授璧。相如因持璧却立，倚柱，怒发上冲冠，谓秦王曰："大王欲得璧，使人发书至赵王，赵王悉召群臣议，皆曰：'秦贪，负其强，以空言求璧，偿城恐不可得。'议不欲予秦璧。臣以为布衣之交尚不相欺，况大国乎？且以一璧之故逆强秦之欢，不可。于是赵王乃斋戒五日，使臣奉璧，拜送书于庭。何者？严大国之威以修敬也。今臣至，大王见臣列观，礼节甚倨；得璧，传之美人，以戏弄臣。臣观大王无意偿赵王城邑，故臣复取璧。大王必欲急臣，臣头今与璧俱碎于柱矣！"

悲士不遇赋

司马迁

悲夫！士生之不辰，愧顾影而独存。恒克己而复礼，惧志行之无闻。谅才韪而世戾，将逮死而长勤。虽有形而不彰，徒有能而不陈。何穷达之易惑，信美恶之难分。时悠悠而荡荡，将遂屈而不伸。

使公于公者，彼我同兮；私于私者，自相悲兮。天道微哉，吁嗟阔兮；人理显然，相倾夺兮。好生恶死，才之鄙也；好贵夷贱，哲之乱也。炤炤洞达，胸中豁也；昏昏罔觉，内生毒也。

我之心矣，哲已能忖；我之言矣，哲已能选。没世无闻，古人唯耻。朝闻夕死，孰云其否。逆顺还周，乍没乍起。理不可据，智不可恃。无造福先，无触祸始；委之自然，终归一矣！

文与可画筼筜谷偃竹记

苏　轼

竹之始生，一寸之萌耳，而节叶具焉。自蜩腹蛇蚹以至于剑拔十寻者，生而有之也。今画者乃节节而为之，叶叶而累之，岂复有竹乎！故画竹必先得成竹于胸中，执笔熟视，乃见其所欲画者，急起从之，振笔直遂，以追其所见，如兔起鹘落，少纵则逝矣。与可之教予如此。予不能然也，而心识其所以然。夫既心识其所以然，而不能然者，内外不一，心手不相应，不学之过也。

腾王阁序

王　勃

时维九月，序属三秋。潦水尽而寒潭清，烟光凝而暮山紫。俨骖騑于上路，访风景于崇阿；临帝子之长洲，得仙人之旧馆。层台耸翠，上出重霄；飞阁流丹，下临无地。鹤汀凫渚，穷岛屿之萦回；桂殿兰宫，列冈峦之体势。

披绣闼，俯雕甍，山原旷其盈视，川泽纡其骇瞩。闾阎扑地，钟鸣鼎食之家；舸舰迷津，青雀黄龙之轴。云销雨霁，彩彻区明。落霞与孤鹜齐飞，秋水共长天一色。渔舟唱晚，响穷彭蠡之滨；雁阵惊寒，声断衡阳之浦。

第八章　以 史 为 鉴

第一节　家 国 天 下

一、人文箴言

以铜为鉴，可正衣冠；以古为鉴，可知兴替；以人为鉴，可明得失。朕尝保此三鉴，内防己过。今魏徵逝，一鉴亡矣。

——唐太宗李世民

叙述数千年来各种族所以盛衰兴亡之故也，是历史之精神也。

——梁启超

经子通，读诸史。考世系，知始终。

——《三字经》

二、案例导读

太史公修史记

司马迁，字子长，公元前 140 年左右出生于一个史官世家，是西汉时期伟大的史学家、文学家、思想家。

司马迁的祖先从遥远的周朝起就担任太史职位，在先秦时期那个文化尚未昌明的年代，纸质书籍尚未出现，竹简帛书非平常人家能够拥有，整个社会上能够有机会学习文化知识、识文断字的只有两类人，一类是王室贵族，另一类就是掌管文史星卜的巫官史官了。最初这两类官员是合二为一的，后来慢慢分化开来，史官尚实，开启了中华文化中几千年不间断地秉笔直书的史家传统。司马家族的史官一职世代因袭，司马迁的父亲司马谈在汉武帝即位后，担任太史令一职长达三十年。司马谈因为家学渊源，学问十分广博，更素有修史之志。儿子司马迁在父亲的谆谆教诲与家族影响下，十岁起就诵读古文，博览群书。为了增长见闻，司马迁跟随父亲去长安任职，向当时著名的儒家学者、经学大师——孔安国、董仲舒学习《尚书》和《春秋》。《尚书》即上古之书，记录了传说时代直至夏朝的历史，《春秋》是孔子编订的反映东周时期诸侯混战的历史著作，这两部书都是儒家的经典，司马迁在儒家名师的指导下学习，为后来修史打下了坚实基础。随着读书的增加，司马迁开始对前人的历史记载产生疑问，真实的情况是怎么样的呢？当疑问越来越多，司马迁决定亲眼去验证那些玄妙的历史，于是，二十岁时，司马迁开始了他的游历生活。他的足迹到达会稽，访问夏禹的遗迹；到过姑苏，眺望范蠡泛舟的五湖；到达淮阴，访求韩信的故事；到过丰沛，访问刘邦、萧何的故乡；到过大梁，访问夷门，并考察秦军引河水灌大梁的情形；到过楚，访问春申君的宫殿遗址；到过薛地，考察孟尝君的封邑；到过邹鲁，拜仰孔孟的家乡。他还北过涿鹿，登长城，南游沅湘，西至崆峒。这样的壮游使他开阔了眼界，增长了知识。此后，司马迁开始撰写《史记》。元封三年（公元前108），司马迁继承父亲司马谈的职位，任太史令。父亲司马谈去世之前，殷殷叮咛司马迁，一定要写出一部上通远古，下达当时的历史著述。

公元前99年，将军李陵因战败投降匈奴，李陵家族即将族灭，司马家与李家是世家，司马迁挺身而出为李陵仗义执言，痛陈李陵必不投降，盛怒之下的汉武帝不听任何人为李陵辩解，司马迁被视为李陵一党而被判死刑。武帝时期的刑法规定，死刑并非最高等级的刑罚，死刑之上还有宫刑，因其带有强烈的侮辱性，意为让一个人极度屈辱地活下去，其所受精神肉体的双重折磨，痛苦程度更甚于一死。同时规定，凡获死刑者，可以申请以宫刑替代，但这样一来，受刑者只能在众人的嘲讽中度过余生，受尽苦楚。司马迁冤屈入狱后，经过了激烈的思想斗争，恨不能一死明志，但为了尚未完成的《史记》，最后他咬牙自请宫刑。这段艰难的心路历程，在他后来的《报任安书》中有所记录。司马迁出狱后任中书令，继续发愤著书，终于完成了《史记》的撰写。公元前87年，武帝驾崩，司马迁离开了长安，不知所终。

《史记》是中国第一部纪传体通史，反映的历史上起上古三皇五帝时期，下迄司马迁生活的汉武帝当朝，以为人物作传的方式评点功过，记录历史，对后世史学影响深远。《史记》语言生动感人，塑造的人物形象鲜明立体，在垂名史册的同时也是一部优秀的文学作品，对后世的叙事文学意义深远。司马迁忠于写史的精神实在令人敬佩，由于他的决心和毅力，才使我们明了历史的真相。《史记》被鲁迅誉为“史家之绝唱，无韵之离骚”，是当之无愧的。

三、知识点链接

（一）以史为鉴，了解千年华夏

1. 远古社会和传说时代

中国是世界上最早出现文明的地区之一，中国远古文明对人类社会做出了巨大的贡献。在原始社会，因为生产力的水平极为低下，人们只有依靠集体的力量才能得以生存。人们共同劳动，共同消费，没有剥削，没有压迫，人们的生活极为艰难。人们通过集体的力量，不断地进步，懂得了用火，学会了制造陶器，发展了原始的农业、畜牧业，发展了原始的手工业。最终因为生产力的进步，原始社会解体，阶级社会来临。

我们把漫长的原始社会分为两个大的阶段——原始人群和氏族公社阶段。元谋人、北京人是原始人群的代表。从山顶洞人开始，人类社会进入氏族公社阶段。氏族公社又可以分为母系氏族公社、父系氏族公社两个阶段。山顶洞人是母系氏族公社的早期，河姆渡、半坡氏族是母系氏族公社的繁荣时期，大汶口文化中晚期则是父系氏族公社的代表。父系氏族公社出现后，生产力迅速发展，阶级社会来临了。我国传说的炎帝、黄帝和尧、舜、禹时期相当于父系氏族社会的晚期，我国出现了阶级社会文明的曙光。

2. 夏朝

大禹治水时公而忘私，三过家门而不入，深得各部落的拥护，他以“禅让制”的形式接替舜，成了部落的首领。伴随着私有制和阶级对立的发展，特别是战争的频繁，禹的权力越来越大，以致发展成个人专断。据说有一次禹召集各部落首领开会，一个首领因迟到而被禹杀了。可见，禹似乎已不是群众的首领，而是至高无上的国王了。约公元前2070年，禹正式建立了我国第一个奴隶制王朝——夏朝，并传位给儿子启，从上古禅让制变成了世袭制。相传夏朝建都阳城，今天河南西部和山西南部是它的活动中心。夏朝历经13代、16个王，历经400余年的历史，它的最后一个王桀实行暴政，导致了夏朝的灭亡。

3. 商朝

在夏桀统治时期，商的部落首领汤积极从事灭夏的活动，他先后灭掉了夏的一些属国，最后在公元前1600年，发兵讨桀，桀大败，夏朝灭亡。汤消灭夏以后，以亳为都城，建立了商朝。在商朝前期，曾屡次迁都，政局不稳。到了商朝中期，商王盘庚把都城迁到殷，政局才稳定下来。因而人们又把商朝称为“殷朝”。殷指今天的河南安阳西北，殷墟有殷都废墟之意，它的主要出土文物是“甲骨文”。商朝从汤开始，历经17代，30多个王，历时600多年，他的最后一个王纣是历史上有名的暴君。

4. 周朝

周朝分为“西周”（前11世纪中期~前771年）与“东周”（前770年~前256年）两个时期。西周由周武王姬发创建，定都宗周镐京（今陕西西安西南），成王五年营建东都成周洛邑（今河南洛阳）；公元前770年（周平王元年），平王东迁，定都成周雒邑（今河南洛阳），此后周朝的这段时期称为东周。其中东周时期又称“春秋战国”，以韩、赵、魏联手打败执政的智氏家族，三家分晋为分水岭，分为“春秋”及“战国”两部分。春秋战国时期，是我国社会大变革的时代，这一时期奴隶制瓦解，封建制逐步形成。

5. 秦朝

从公元前230年起，秦国采取各个击破的办法开始了大规模的统一战争。秦王嬴政“续六世之余烈，振长策而御宇内”（贾谊《过秦论》），不到十年的时间，先后灭掉了韩、赵、魏、楚、燕、齐六国，于公元前221年，建立了以咸阳为都城的中国历史上第一个统一的封建专制主义中央集权的国家，以后历代的封建王朝基本沿袭这种政治体制。秦始皇统一文字，统一度量衡，为大一统国家的延续奠定了重要基础。但因为秦的苛政，秦末农民起义盛行，刘邦、项羽的起义军最终推翻秦朝的统治，子婴在杀死赵高后，向刘邦投降，秦朝灭亡。

6. 汉朝

公元前202年，楚汉之争获胜后的刘邦称帝建立西汉，都城长安；汉文帝、汉景帝推行休养生息国策开创“文景之治”；汉武帝即位后攘夷拓土、改制革新，被今人称为“汉武盛世”；至汉宣帝时期国力达到极盛，史称“孝宣中兴”。公元8年，王莽篡汉，西汉灭亡，不久爆发绿林赤眉起义。

公元25年，刘秀称帝建立东汉，定都洛阳，统一天下后息兵养民，史称“光武中兴”；汉明帝、汉章帝沿袭轻徭薄赋，开创“明章之治”；汉和帝继位后大破北匈奴、收复西域，开创“永元之隆”，东汉国力达到极盛。公元184年爆发黄巾起义，虽剿灭民乱却导致地方拥兵自重，董卓之乱后东汉名存实亡。公元220年曹丕篡汉，东汉灭亡，后刘备建立蜀汉延续汉室，中国进入三国时期。

汉朝和大约同时期欧洲的罗马帝国并列为当时世界上最先进的文明及强大帝国。两汉时期奠定汉地范围，极盛时东并朝鲜、南包越南、西逾葱岭、北达戈壁，国土面积约达609万平方公里。公元2年，西汉全国人口达六千余万，占当时世界的三分之一。

汉朝文化统一，科技发达，以儒家文化为代表的汉文化圈正式成立，华夏族自汉朝以后逐渐被称为汉族，两汉为华夏文明的延续和挺立千秋作出了巨大贡献。

7. 三国

三国是上承东汉下启西晋的一段历史时期，分为曹魏、蜀汉、东吴三个政权。赤壁之战时，曹操被孙刘联军击败，奠定了三国鼎立的雏型。220年，曹丕篡汉称帝，国号“魏”，史称曹魏，三国历史正式开始。次年刘备在成都延续汉朝，史称蜀汉。222年刘备在夷陵之战失败，孙权获得荆州大部。223年刘备去世，诸葛亮辅佐刘备之子刘禅与孙权重新联盟。229年孙权称帝，国号“吴”，史称东吴，至此三国正式鼎立。曹魏后期的实权渐渐被司马懿掌控。263年，曹魏的司马昭发动魏灭蜀之战，蜀汉灭亡。两年后司马昭病死，其子司马炎废魏元帝自立，建国号为“晋”，至此三国时期结束。

8. 晋朝

晋朝上承三国下启南北朝，分为西晋与东晋两个时期，其中西晋为中国历史上大一统王朝之一，东晋则属于六朝之一，两晋共传15帝，共155年。266年司马炎篡魏，建国号为“晋”，定都洛阳，史称西晋，280年灭吴，完成统一。后经历八王之乱，316年西晋被北方蛮族灭亡，北方陷于混乱，史称“五胡乱华”。317年，晋室南渡，司马睿在建邺建立东晋，东晋曾多次北伐。383年东晋与前秦淝水之战后得到暂时巩固。两晋时期少数民族迁至中原，加强了民族融合，北人南迁，开发了江南地区。420年，刘裕建立宋，东晋灭亡。

9. 南北朝

南北朝是南朝和北朝的合称。南北朝时期是中国历史上的一段大分裂时期，也是中国历史上的一段民族大融合时期，上承东晋十六国下接隋朝，由420年刘裕代东晋建立刘宋开始，至公元589年隋灭陈而终。南朝（420~589年）包含刘宋、南齐、南梁、南陈四朝；北朝（386~581年）则包含北魏、东魏、西魏、北齐和北周五朝。南北两方虽各有朝代更迭，但长期维持对峙形势，故称为南北朝。

南北朝前期仍是士族政治，社会阶层分为士族、齐民编户、依附户及奴婢，对外交流也很兴旺，东到日本和朝鲜半岛，西到西域、中亚、西亚，南到东南亚与南亚。此时也出现民族大融合的趋势，比如北魏孝文帝改革，进一步加速少数民族封建化（汉化）的步伐。

10. 隋朝

581 年（大定元年）二月，北周静帝禅让帝位于杨坚，北周覆亡。杨坚定国号为“隋”，定都大兴城。随后南下灭陈朝，统一中国，结束了自西晋末年以来长达近 300 年的分裂局面。605 年（大业元年），隋炀帝即位后，令宇文恺营建东都洛阳，并于大业二年（606 年）颁布诏书迁都洛阳。隋文帝在位年间社会民生富庶、人民安居乐业、政治安定，开创了“开皇之治”的繁荣局面。隋炀帝在位时期修建了贯通南北的大运河，政治上确立了三省六部制，巩固中央集权；正式推行科举制，选拔优秀人才，弱化世族垄断仕官的现象。但因过度消耗国力，引发隋末民变和贵族叛变。618 年（大业十四年）隋朝灭亡，享国 38 年。

11. 唐朝

617 年，唐国公李渊晋阳起兵，次年于长安称帝建立唐朝。唐太宗继位后开创“贞观之治”。唐高宗承贞观遗风开创“永徽之治”。690 年，武则天以国号周代唐，定都洛阳，史称武周。705 年，唐中宗李显神龙革命后恢复大唐国号。唐玄宗即位后励精图治，开创了经济繁荣的“开元盛世”。天宝末年，全国人口达八千万上下。安史之乱后藩镇割据、宦官专权导致国力渐衰，中后期又经元和中兴、会昌中兴、大中之治国势复振。878 年，黄巢起义爆发破坏了唐朝统治根基，907 年，朱温篡唐，唐朝覆亡。

唐朝疆域空前辽阔，天子被四夷各族尊为天可汗。唐代科技、文化、经济、艺术具有多元化特点，在诗、书、画各方面涌现了大量名家，如“诗仙”李白、“诗圣”杜甫、书法家颜真卿、“画圣”吴道子、李思训、音乐家李龟年等。唐朝文化兼容并蓄，接纳海内外各国民族进行交流学习，形成开放的国际文化。唐朝与阿拉伯帝国是当时世界上最强盛的帝国，声誉远扬海外，与亚欧国家均有往来。唐朝以后海外多称中国人为“唐人”。

12. 五代十国

五代十国也是中国历史上的一段大分裂时期。五代是指 907 年唐朝灭亡后依次更替的位于中原地区的五个政权，即后梁、后唐、后晋、后汉与后周。960 年，后周赵匡胤发动陈桥兵变，黄袍加身，篡后周建立北宋，五代结束。而在唐末、五代及宋初，中原地区之外存在过许多割据政权，其中前蜀、后蜀、南吴、南唐、吴越、闽、楚、南汉、南平（荆南）、北汉等十余个割据政权被《新五代史》及后世史学家统称十国。北宋建立后先后统一了尚存的荆南、武平、后蜀、南汉、南唐、吴越、北汉等政权，基本实现了全国的统一。

13. 宋朝

宋朝是中国历史上承五代十国下启元朝的朝代，分北宋和南宋两个阶段，共历 18 帝，享国 319 年。960 年，后周诸将发动陈桥兵变，拥立宋州归德军节度使赵匡胤为帝，建立宋朝。赵匡胤为避免晚唐藩镇割据和宦官专权乱象，采取重文抑武方针，加强中央集权，并剥夺武将兵权。宋太宗继位后统一全国，宋真宗与辽国缔结澶渊之盟后逐渐步入治世。1125 年金国大举南侵，导致靖康之耻，北宋灭亡。康王赵构于南京应天府即位，建立了南宋。绍兴和议后与金国以秦岭—淮河为界，1234 年联蒙灭金，1235 年爆发宋元战争，1276 年元朝攻占临安，崖山海战后，南宋灭亡。宋朝是中国历史上商品经济、文化教育、科学创新高度繁荣的时代，民间的富庶与社会经济的繁荣实际远超过盛唐。

14. 元朝

1206 年，成吉思汗铁木真统一漠北建立蒙古帝国后开始对外扩张，先后攻灭西辽、西夏、花剌子模、东夏、金等国。蒙哥汗去世后，引发了阿里不哥与忽必烈的汗位之争，促使大蒙古国分裂。1260 年忽必烈即汗位，建元“中统”。1271 年，忽必烈取《易经》“大哉乾元”之意改国号为“大元”，次年迁都燕京，称大都。1279 年（至元十六年），元军在崖山海战消灭南宋，结束了长期的战乱局面。之后元朝持续对外扩张，但在出海征伐日本和东南亚诸国时屡遭失利，如元日战争、元越战争、元缅战争、元爪战争等。元中期政变频繁，政治始终未上正轨。后期政治腐败，权臣干政，民族矛盾与阶级矛盾日益加剧，导致元末农民起义。1368 年，朱元璋称帝建立明朝，随后北伐驱逐元廷攻占北京。此后元廷退居漠北，史称北元。1402 年，元臣鬼力赤篡夺政权建立鞑靼，北元灭亡。

15. 明朝

元末民不聊生，爆发红巾起义，1368 年朱元璋称帝，建国号为“大明”，因皇室姓朱，又称朱明，定都于应天府；1420 年朱棣迁都至顺天府，以应天府为陪都。明初历经洪武之治、永乐盛世、仁宣之治等治世，政治清明、国力强盛。中期经土木之变由盛转衰，后经弘治中兴、嘉靖中兴、万历中兴国势复振，晚明因东林党争和天灾外患导致国力衰退，爆发农民起义。1644 年李自成攻入北京，崇祯帝自缢殉国，明朝覆灭。

明朝宗室在江南建立南明，随后清朝趁乱入关，击败大顺、大西、南明弘光、隆武、绍武等政权。1662 年永历帝被杀，南明覆灭。1683 年清军攻占台湾，奉明正朔的明郑覆灭。明朝是继汉唐之后的黄金时期。明代，无汉之外戚、唐之藩镇、宋之岁币，天子守国门，君王死社稷。清朝康熙皇帝对明太祖评价为“治隆唐宋”，《明史》评价明成祖开疆扩土为“远迈汉唐”。

16. 清朝

1616 年，建州女真部首领努尔哈赤建立后金。1636 年，皇太极改国号为“大清”。1644 年大顺攻占明朝国都北京，驻守山海关的明将吴三桂降清，一片石之战后，摄政王多尔衮率领清军趁势入关，同年顺治帝迁都北京，从此清朝取代明朝成为全国统治者。政治上推行首崇满洲、圈地投充、剃发易服、迁海令、文字狱等，军事上平定大顺、大西、南明等政权，20 年间逐步掌控全国。康雍乾三朝走向鼎盛，统一多民族国家得到巩固，封建专制推向了最高峰。中后期由于政治僵化、文化专制、闭关锁国、思想禁锢、科技停滞等因素逐步落后于西方。

鸦片战争后多遭列强入侵，主权和领土严重丧失。之后，清王朝也开始了近代化的探索，开启了洋务运动和戊戌变法。甲午战争和八国联军侵华战争使得民族危机进一步加深，清朝后期彻底沦为半殖民地半封建社会。1911 年，辛亥革命爆发，清朝统治瓦解，1912 年 2 月 12 日，北洋军阀袁世凯逼清末帝溥仪逊位，隆裕太后接受优待条件，清帝颁布了退位诏书，清朝从此结束。

17. 近代中国

中国近代史是从第一次鸦片战争 1840 年到 1949 年南京国民党政权覆亡为止，中华人民共和国成立的历史。历经清王朝晚期、中华民国临时政府时期、北洋军阀时期和国民政府时期，是中国半殖民地半封建社会逐渐形成到瓦解的历史。

中国近代史，是一部充满灾难、落后挨打的屈辱史，是一部中国人民探索救国之路，实现自由、民主的探索史，是一部中华民族抵抗侵略，打倒帝国主义以实现民族解放、打倒封建主义以实现人民富强的斗争史。

中国近代史可以分为两个阶段。第一个阶段是从 1840 年鸦片战争到 1919 年五四运动前夕，是旧民主主义革命阶段；第二个阶段是从 1919 年五四运动到 1949 年中华人民共和国成立前夕，是新民主主义革命阶段。

18. 现代中国

中国现代史是指 1949 年 10 月中华人民共和国成立至今的历史。这一时期也是中国人民建立政权、巩固政权、探索与发展中国，使中国走向富强、民主、自立的一段发展史。

（二）以史为鉴，增强家国意识

以史为鉴，可知兴替。古代的治国理政者，也十分重视历史，重视以史为鉴。很多出色的政治家同时也是史学家，比如司马光，北宋宰相，官历四朝，主持编纂中国第一部编年体通史《资治通鉴》。而唐太宗说“以古为鉴，可知兴替”，《晋书》说“前车之覆轨，后车之明鉴”，《韩诗外传》说“故殷可以鉴于夏，而周可以鉴于殷”，这都是在表明，要以历史的前车之鉴，作为当今的后事之师。历史发展也印证着，对待历史的态度影响着一个朝代的兴起和衰亡。唐太宗李世民亲历隋朝农民起义，吸取了隋朝暴政而亡的教训，任用贤能，从善如流，问过即改，视民如子，不分华夷，开创了“贞观之治”。同样为北方少数民族的元朝和清朝，在对待历史态度上的不同，导致国家发展大不相同。元朝蒙古人的政权，否定中华民族历史文化传承、思想传统，取消科举、重划职业等级、推行民族压迫和歧视、崇信宗教轻视儒教，不足百年，即消失在历史的长河中。清朝则充分借鉴了元朝的失策，修前史，兴汉学，基本顺延了中华民族主体文化。虽然历史的并非就是正确的，但发展必须立足于历史，任何一个国家的治理和发展，都可以在历史中发现经验和教训。

我们的祖国是世界文明古国之一，历史悠久，文化灿烂。在漫长的历史长河中，我们的祖先用自己智慧开创了许多历史之最，创造了至今仍值得世人称赞的文化，包括四大发明、万里长城在内的人类文明的伟大成果，是中华民族智慧的结晶。科学技术长期居于世界前列，是祖国的光荣、民族的骄傲。同时，中华民族涌现出了一大批为国为民奋斗终生的杰出人物，他们都是我们国家的荣耀、民族的骄傲。中华民族上下五千年，是一部奋斗史、探索史。近代以来，列强入侵，民族垂危。从虎门销烟中的林则徐、甲午海战中“誓死不独生”慷慨就义的邓世昌、宁死不降的丁汝昌到为中国独立自由倡导“天下为公”的孙中山……他们的爱国事迹一直为中国人民所传颂，表现了中华民族爱国主义的传统。近百年来，帝国主义对中国的侵略，给我们的民族带来深重的灾难，但他们并没有使中国人民屈服，无数爱国志士前仆后继，踏着先辈们的足迹继续前行。这一时期，由于清政府的腐败和经济落后，中国成为一块任帝国主义列强宰割吞食的肥肉。在中法战争中，虽然清朝爱国将士浴血奋战，取得胜利，但结果是中国“不败而败”，法国“不胜而胜”，这是何等滑稽的结局。不但如此，侵略者还强迫清政府签订了一系列不平等条约，又是割地，又是赔款，又是出卖国家主权。这些事实，提示了“落后就要挨打”的历史教训。各阶层的爱国志士，自觉地承担起挽救中华民族、捍卫国家独立的重任，不惜抛头颅、洒热血，不屈不挠地同黑暗统治、帝国主义作斗争。特别是在抗日战争中，不仅有中国共产党领导的八路军、新四军和广大游击队的抗日武装英勇杀敌，而且国民党中的爱国官兵也同仇敌忾，发扬了中华民族誓死不屈的精神。张自忠将军精忠报国，为国捐躯；谢晋元团长率八百将士坚守四行仓库；张学良、杨虎城将军为了逼蒋联共抗日，冒死发动了“兵谏”……这些史实说明，外敌当前，共赴国难的传统，是应该一代又一代继承和发扬的。

以史为鉴，我们要胸怀国家，继承并弘扬祖国灿烂的文化、优秀的传统；要拥有强烈的爱国热忱和民族自豪感。要放眼世界，大胆吸收人类一切优秀文化遗产，并为我所用，将自己塑造成为具有全球意识和强烈社会责任感与历史使命感的现代公民。

（三）以史为鉴，塑造文化自信

2016 年，习近平总书记在讲话中多次提到“文化自信”，他说，在 5000 多年文明发展中孕育的中华优秀传统文化，在党和人民伟大斗争中孕育的革命文化和社会主义先进文化，积淀着中华民族最深层的精神追求，代表着中华民族独特的精神标识。

我们中华民族是一个伟大的民族，中华文明有着悠久的历史，在世界四大文明古国（中国、古埃及、古印度、古巴比伦）中唯独中国传承并延续了五千年历史至今。我国的四大发明——指南针、造纸术、印刷术、火药以及科学技术上的成就在世界上独领风骚数千年；在文学、艺术、哲学、史学、医药学上，从“诗经”“楚辞”到“唐诗”“宋词”，从青铜器、雕塑、绘画到瓷器制造，从诸子百家到程朱理学，从《史记》到《资治通鉴》，从针灸、《伤寒论》到《本草纲目》……这一系列古代灿烂文明数千年来不仅照亮了世界的东方，而且也为世界历史文化的发展作出了巨大的贡献。在中国历史上出现过许多伟大的君主：秦始皇统一中国、汉武帝出使西域开通“丝绸之路”、唐朝“贞观之治”“开元盛世”，国力达到鼎盛时期，明成祖派郑和七下西洋，大振国威并为世界航海事业作出巨大贡献……这一切在世界的历史上写下不朽的一页，我们中华儿女无不为他们的丰功伟业而自豪。中华民族是最有理由自信的。有了“自信人生二百年，会当水击三千里”的勇气，我们就能毫无畏惧面对一切困难和挑战，就能坚定不移开辟新天地、创造新奇迹。

四、案例讨论

《国家宝藏》：中华优秀历史文化再掀热潮

2017 年，中央电视台的《国家宝藏》节目的持续热播引发了百姓关注。在电视机前看着一件件价值连城的国宝，听着讲解员讲述每一件国宝背后不为人知的传奇故事，人们都会情不自禁地赞叹祖先的智慧。在众多国宝当中，南京博物院珍藏的“竹林七贤与荣启期砖画”是很有代表性的一件藏品。该砖画由 200 多块砖组成，分为两幅：嵇康、阮籍、山涛、王戎四人同占一幅；向秀、刘伶、阮咸、荣启期四人占一幅。八人席地而坐，他们或开怀畅饮，或弹琴度曲，或仰天长啸，或挥麈谈玄，尽显名士的超然高韬、潇洒风流……这是竹林七贤与荣启期砖画的守护人袁弘说的一句话，可见人们对此砖画的评价之高与它的珍贵。

在“前世传奇”环节，袁弘演绎的竹林七贤之首嵇康与春秋时期的荣启期进行了一次相隔七百多年的“奇妙”大会，在剧尾，荣启期说：“你们七人虽性格迥异，举止参差不齐，就如同那七个音符一般，有长短不一的音色，组合在一起，方可弹奏出世间美妙的音乐，即便他日曲终人殁，余情定传千载!”竹林七贤在当时战乱之中，却仍能保持本色，无惧生死，看重情义，使人肃然起敬。

今生故事讲述人耿朔，他通过“密码”拼出了竹林七贤与荣启期砖画的同胞兄弟。所谓“同胞兄弟”其实就是几年后在另一个墓中发掘的在同一个模具上做成的砖画，当时还只是一堆散砖，他通过砖后的密码（即砖块的号码）将零零散散的砖块拼出了另一幅一模一样的竹林七贤与荣启期砖画。听到这里，人们都会慨叹于我们祖先那精湛的技术工艺。

问题讨论

1. 历史是什么?

2. 中华五千年历史留给我们最宝贵的财富是什么？

3. 我们应该如何面向未来？

五、拓展提升

40个大学生必知的历史故事，以史为鉴知兴替

1. 大约四千七百多年前，轩辕黄帝联合炎帝战胜九黎族蚩尤，蚩尤俘虏被称为“黎民”，之后黄帝打败炎帝族，成为中原地区的部落联盟首领。后人将黄帝誉为华夏族的祖先，因为黄帝和炎帝是近亲，又融合在一起，所以我们又称为“炎黄子孙”。

2. 尧是黄帝以后比较著名的部落联盟首领，尧去世后，舜建议把帝位让给尧的儿子丹朱，诸侯不拜丹朱却拜舜，推舜为帝。这种让位，历史上称为“禅让”。

3. 鲧的儿子禹采取“开、通、疏、凿、引”的方法治水有功，被推为部落联盟首领。

4. 禹禅让帝位给伯益，禹的儿子启夺位称帝，建立了中国第一个奴隶制国家——夏，自此“世袭制”取代了“禅让制”。

5. 夏王朝第16代君王“桀”是历史上著名的暴君，“桀犬吠尧”“桀骜不驯”都出于此人。

6. “汤”以“网开一面”展示他的仁慈，并取得了黎民百姓的拥戴，后打败夏桀，灭夏建商；汤又名成汤，是尧舜时期契的后裔。

7. “伊尹”是商王朝的开国功臣，也是中国第一位贤臣，历史上被视为臣道的楷模，后辅佐“外丙、仲壬、太甲”三王执政，亲作《伊训》、《肆命》等，有“伊尹囚帝（太甲）”的典故。

8. 商第三十代大王纣和夏桀一样是典型的暴君，历史上有“桀纣”并称。纣创造了“炮烙”“虿池”等刑罚，造“鹿台、酒池、肉林”，劳民伤财，草菅人命。

9. 姬昌，后人尊称周文王，实施仁政，有太颠、辛甲大夫、闳夭、散宜生等贤臣，在姜尚（名望、字子牙）的辅佐下奠定了灭商的基础，著有《周易》，将八卦演为64卦，并作卦辞、辞。

10. 殷商“谗言进用，忠良远黜”，比干被挖心、萁子装疯、微子出走，周武王兴兵伐纣，奴隶倒戈，纣王鹿台自焚，奸臣恶来、费忠被斩首，殷商灭亡，周王朝诞生，周武王封姜尚在齐、周公旦（武王的兄弟）在鲁，后有周公辅成王，“周公吐哺，天下归心”的典故。

11. 东周在历史上分为“春秋”“战国”两个时期。第一个称霸的齐桓公，与后来的晋文公（重耳）、宋襄公、秦穆公、楚庄公一起，在历史上被称为“春秋五霸”。(后两位也有说是吴王阖闾和越王勾践)

12. “秦晋之好”指秦穆公帮助流亡在秦国的晋国流亡公子重耳回国做了国君，并将自己的女儿文嬴嫁给了重耳，成就了“秦晋之好”。

13. 越王勾践卧薪尝胆，历经22年，复仇雪恨灭吴国，成为春秋时代最后一个霸主。

14. 商鞅变法：商鞅，原名公孙鞅，秦孝公期间，其通过变法使秦国变得强大，但因执法惹了权贵公子，秦惠文王即位后用车裂之刑（五马分尸）处治已经去世的商鞅的尸体，可谓商鞅“作茧自缚”。

15. 孙膑与庞涓本是同门师兄弟，但庞涓嫉妒孙膑的才能，献谗言于魏帝，并将孙膑的髌骨挖掉，孙膑装疯被齐国营救，后有“围魏救赵”的事迹，并在一次战役中设计大败魏军，诛杀了庞涓，“害人之心不可有，防人之心不可无”“多行不义必自毙”就是此事给后人的启示。孙膑著有《孙膑兵法》。

16. 屈原投江：屈原名平，楚国王室贵族，我国伟大的诗人，政治家、思想家，爱国人士，因遭谗言被流放，后因不忍看到国家（楚国）沦亡，抱石自投汨罗江，百姓乘舟寻尸不遇，为防鱼儿蚕食，用竹筒盛米倒入江中，后演化为赛龙舟、包粽子。屈原著有《离骚》《天问》《九章》等爱国诗篇，被后人整理为《楚辞》流传至今。

17. 信陵君窃符救赵：战国时期，秦国围攻赵都邯郸，平原君一面与楚合纵（毛遂），一面委托信陵君向魏王求救，魏王被秦国威胁未允，信陵君窃取兵符，假魏王将令出兵救赵，事成后留在赵国未归。

18. 荆轲刺秦王：秦王嬴政执政后，灭韩、赵，并攻占燕国，燕国太子丹派勇士荆轲刺杀秦王，“图穷匕见”，刺杀未果，丢了性命，可他英勇机智、不畏强暴、视死如归的精神永垂青史。

19. 鸿门宴：反秦义军刘邦攻下秦都咸阳，秦王朝灭亡，西楚霸王项羽从范增之计预设鸿门宴铲除刘邦，刘邦携张良、樊哙赴宴，席间项庄舞剑，意在沛公，刘邦在项伯、樊哙的掩护下得以逃脱。

20. 霸王别姬：刘邦趁项羽出兵之际，自汉中出击攻占了项羽都城彭城，项羽回攻，大败汉军，擒获了刘太公和吕雉，刘邦求和，范增未允，刘邦用反间计离间了范增，又以划分楚河汉界为诱救回老小，后采用韩信的十面埋伏之计将项羽困在垓下，项羽爱妻虞姬，唱罢“汉兵已略地，四面楚歌声，大王意气尽，贱妾何聊生”，拔剑自刎，一代名姬香消玉殒。项羽退至乌江，乌江亭长劝其退回江东称王，项羽无颜见江东父老，在乌江边拔剑自刎，“生当做人杰，死亦为鬼雄”，西楚霸王结束了自己的生命。

21. 飞将军李广：汉朝猛将，一生抗击匈奴，赢得“飞将军”美名，后被卫青陷害引剑自刎。有唐诗人王昌龄诗云：“秦时明月汉时关，万里长征人未还。但使龙城飞将在，不教胡马度阴山。”龙城飞将说的就是李广。

22. 张骞通西域：西汉张骞是历史上第一位有影响的对外友好使者，两次出使西域，对开辟丝绸之路卓有贡献。

23. 昭君出塞：王昭君，汉元帝时宫女，名王嫱，字昭君，因未行贿画师毛延寿而被丑化，不得宠幸。后汉室与匈奴和亲嫁给匈奴单于，出塞途中因曲哀人艳，南飞大雁为之驻足，故有“落雁”之称。从此，匈奴和汉朝和睦相处60余年，王昭君成为民族团结的象征。

24. 黄巾军起义：东汉晚期，宦官和外戚两大集团交替专政，社会动荡不安，民众流离失所。冀州巨鹿人张角提出“苍天已死，黄天当立，岁在甲子，天下大吉”的口号，举行了大规模的农民起义，规定义军以黄巾缠头，故称“黄巾起义”，后被官军镇压，余部作乱了20余年，使得东汉王朝奄奄一息。

25. 官渡之战：曹操“挟天子以令诸侯”与北方的袁绍产生了冲突，公元200年，袁绍派军10万进军，先是大将颜良、文丑被暂降曹操的关羽所杀，形成了官渡对峙。袁绍谋士许攸献计不被采用，且家人被拘捕，弃袁投曹，并向曹操献计火烧袁绍粮营乌巢，一战将袁绍击败，两年后袁绍忧愤而亡。官渡之战是历史上著名的以少胜多的战例。而后曹操各个消灭袁绍残余，统一了北方。

26. 三顾茅庐：袁绍败北，刘备投靠刘表，屯驻新野小县，访襄阳水镜先生司马徽知：卧龙、凤雏两人，得一可安天下。“卧龙”诸葛亮，字孔明，刘备三访襄阳隆中，求得诸葛亮出山辅佐，并按照《隆中对》中“东联孙吴，西据荆益，南和夷越，北抗曹操”的策略，成就了三分天下的大业。

27. 赤壁之战：曹操消灭袁绍统一北方，欲南下扫平刘表和江东孙权，刘表病故，次子刘琮继位，向曹操递了降表，刘备腹背受敌，撤往江陵，被曹军在长坂坡追上，幸有赵云、张飞奋力拼杀得以脱险，退至江夏与刘琦汇合；同时，孙权接到曹操檄文，劝其投降，鲁肃献计联合刘备抗曹，任周瑜为大都督，程普为副都督，鲁肃为赞军校尉，领兵五万赤壁下寨抗曹。因北方士兵不习水战，曹操采用庞统之计将战船连在一起，孙刘联盟设反间计（蒋干中计）、苦肉计（周瑜打黄盖），并巧借东风，火烧连营，曹操败走华容道，被关羽所放（曹操对关羽有救命之恩），逃回江陵。赤壁一战，奠定了三国鼎立的基础。（注：来自《三国演义》，非正史）

28. 司马昭之心，路人皆知：曹髦，曹丕之孙，260年，因司马昭权势日重，危及帝位，声称司马昭代魏之心，路人皆知，率殿中卫士、僮仆讨伐司马昭未果被害；曹髦死后，司马昭立曹奂为帝，即魏元帝，自己独揽大权。

29. 290年，晋武帝病重，弱智太子司马衷即位，为晋惠帝，晋惠帝皇后贾南风（贾后）阴险毒辣，先后除掉汝南王司马亮、楚王司马玮，废太子（后毒杀），赵王司马伦联合齐王司马冏废除贾后，司马伦称帝，之后各诸侯为争夺皇位展开了厮杀，有：赵王司马伦、齐王司马冏、成都王司马颖、河间王司马颙、长沙王司马乂、东海王司马越，加上被贾后所杀的汝南王司马亮、楚王司马玮，史上称“八王之乱”，持续16年，独剩东海王司马越，司马越毒死晋惠帝，立司马炽为帝，即晋怀帝，西晋王朝从此衰落。

30. 淝水之战：十六国时期，前秦苻坚讨伐东晋，其先锋部队被晋军击溃，秦晋两军夹淝水对阵。晋军要求秦军后撤，以便渡河一决胜负，在秦军撤退之际，秦军中有人疾呼：秦军败了，秦军大乱，晋军乘胜出击，大获全胜。侥幸逃脱者丢盔弃甲，连听到“风声鹤唳”也以为是晋军到了。这就是史上有名的“淝水之战”。

31. 玄武门之变：唐高祖李渊有四子：三子李玄霸早亡，长子太子李建成、次子秦王李世民、四子齐王李元吉。长子李建成、四子李元吉因惧怕李世民的势力，屡次设计谋杀李世民，公元626年，李世民伏兵玄武门，杀太子李建成、齐王李元吉，高祖立李世民为太子，八月李世民即位，是为“唐太宗”，年号，“贞观”。

32. 玄奘西游取经：627年，陈玄奘孤身西行取经，历经大小110个国家，到达佛教圣地——天竺，645年返回长安，历时18年，带回佛经600余部，著《大唐西域记》。

33. 女皇武则天：655年，唐高宗废皇后王氏，册立武则天为皇后，自此，武氏独揽内宫大权，660年，因唐高宗患风眩，目不能视，下诏委托武则天协理政事，武则天从参政步入执政；674年武则天与唐高宗同殿听政，共受朝拜，天下称“二圣”。公元683年，唐高宗卒，武则天立三子李显为帝，为唐中宗，自为皇太后临朝听政，次年，武后废中宗，改封庐陵王，立四子李旦为帝，为睿宗。690年，武则天在“上尊天示”“顺从众议”下，登临大宝，改唐为“周”，自号“圣神皇帝”，武则天称帝后，大开科举，破格用人，奖励农桑，发展经济，知人善任，容人纳谏，在其掌理朝政的半个世纪，社会稳定，经济发展，为后来的“开元盛世”打下了基础。

34. 南唐后主李煜是历史上有名的作家，其亡国后，词写得很好，最著名的有《虞美人》“春花秋月何时了，往事知多少！小楼昨夜又东风，故国不堪回首明月中。雕栏玉砌应犹在，只是朱颜改。问君能有几多愁？恰似一江春水向东流。”

35. 宋太祖杯酒释兵权：为了巩固自己的统治地位，宋太祖赵匡胤“杯酒释兵权”，解除了禁军大将石守信、王审琦的兵权，不久用同样的方式罢免了个藩镇的节度使，加强了中央集权。

36. 靖康之耻：1126年（靖康元年）金兵再度南侵，攻陷太原，直逼京都汴京，宋徽宗、宋钦宗二帝被金人俘获，北宋灭亡，史称“靖康之耻”。1127年，宋徽宗九子康王赵构在临安（南京）即位称帝，是为宋高宗，南宋开始。

37. 岳飞：南宋著名将领。1126年开始抗金卫国的戎马生涯，1140年金人背盟，大举南侵，岳飞、韩世忠、张俊等率领宋军奋起抵抗，在郾城之战中，岳飞破金兀术“拐子马”，大败金军，在岳飞乘胜追击，收复失地之时，被宋廷召回，“十年之功，毁于一旦！”。

38. 戚继光抗倭：明朝著名将领。1555年（嘉靖三十四年）戚继光调浙江，任参将，积极抗御倭寇。他鉴于卫所军有不习战阵的弱点，恳请获准后亲赴“俗称剽悍”的义乌招募农民和矿工，组织训练一支3000多人的新军。他治军有方，教育将士要杀贼保民，严格军事训练，创制鸳鸯阵。由于新军将士英勇善战，屡立战功，被誉为“戚家军”。1561年（嘉靖四十年），倭寇焚掠浙东，他率军在龙山大败倭寇。然后在台州地区九战皆捷，扫平浙东。次年率6000精兵援闽，捣破倭寇在横屿（今宁德东北）的老巢，直至东南沿海倭患完全解除。

39. 郑成功收复台湾：1624年（明天启四年），荷兰殖民主义者侵占中国台湾。郑成功下决心赶走侵略军。1661 年（南明永历十五年，清朝顺治十八年）三月，郑成功亲率 2.5 万名兵将直取台湾。1662 年（南明永历十六年，康熙元年初），侵略军头目被迫到郑成功大营，在投降书上签了字。至此，郑成功从荷兰侵略者手里收复了沦陷 38 年的我国神圣领土台湾。

40. 康乾盛世：康乾盛世又称康雍乾盛世、康雍乾之治、康乾之治，是中国古代封建王朝的最后一个盛世，同时是中国封建社会的回光返照。该时期经历了康熙、雍正、乾隆三代皇帝，是清朝统治的最高峰。在此期间，中国社会的各个方面在原有的体系框架下达到极致，改革最多，国力最强，社会稳定，经济快速发展，人口增长迅速，疆域辽阔。

第二节　学史养德

一、人文箴言

所有人的生活都有一部历史。

——莎士比亚

历史应是人类的教师。

——赫尔巴特

二、案例导读

高山和流水，以诚觅知音

在中国古代的春秋时期的楚国，有一个叫俞伯牙的人，在晋国担任上大夫。俞伯牙从小喜爱抚琴，他跟当时很有名气的琴师成连刻苦学习了三年，琴艺大长，也成了闻名一方的琴师。但是俞伯牙仍然不满足，觉得自己在艺术上还不能达到自己渴望的理想境界。于是，他躲进蓬莱山中苦练琴艺，面向波涛汹涌的大海，背后蓬莱岛内一片寂静，鸟儿的啼叫声如天籁一般，伯牙触景生情，手随心动，日夜弹奏，越来越能体会到大自然的美好，心灵受到陶冶，情感丰沛而真切，俞伯牙将其融入到自己的琴曲当中，琴曲也逐渐有了灵性，俞伯牙琴艺日益精进，既是弹琴能手，又是作曲家，被人尊为“琴仙”。唯一可惜的是，伯牙的琴曲意蕴高雅，不同流俗，能听懂曲中真意的人实在难遇，每每念及此，伯牙都觉得十分的寂寞。

一次，俞伯牙乘舟出航，船行到江口一座高山旁时，突然下起了大雨，船夫赶紧驾船到一个山崖下避雨。暴雨渐止，伯牙耳听淅沥的残雨之声，眼望雨打江面的生动景象，琴兴大发，他情不自禁地取琴弹奏，音随意转，把大自然的美妙融进了琴声。伯牙正弹奏得酣畅淋漓，突然感到琴弦上有异样的颤抖，这是琴师的心灵感应，他抬头一看，就见不远处的山崖上有个樵夫静静地站在那里，在认真地聆听自己刚才兴至的琴声。

俞伯牙并不计较两人身份的悬殊，恭敬地把樵夫请到了船上，两人互通了姓名，原来樵夫叫钟子期，伯牙问道：“你既然在听琴，可知老夫适才弹的是什么曲子?”钟子期答道："大人所弹，乃是这川江雨后的美景。"伯牙十分惊讶，因为子期正说出了他的曲中之意。于是伯牙又再抚琴，弹一曲《高山》，子期赞叹道："多么巍峨的高山啊！"弹一曲《流水》，子期称赞道"多么浩荡的江水啊！"顿时，惺惺相惜的情感涌上伯牙心头，他对子期说："这个世界上只有你才懂得我的心声，你真是我的知音啊！"于是两个人结拜为生死之交，把刚才所弹的曲子起名为《高山流水》。伯牙与子期约定来年春暖花开之际在此聚首，以叙衷肠。

第二年春天，伯牙如约前来子期家再访知音，在去年遇雨的地方停船上岸，行不多久，遇到一位老者，伯牙上前问路，这位老者正是钟子期的父亲。原来一年的时间已经物是人非，钟子期已经病逝了，临终前记挂与伯牙的约定，叮嘱父亲春天里要时常到江边迎接知音伯牙。伯牙闻听到这个消息悲痛欲绝，奔到子期墓前为他弹奏了一首充满怀念和悲伤的曲子，然后站立起来，泪流满面地说："从此知音绝矣！"将自己珍贵的琴摔碎于子期的墓前。从此，伯牙与琴绝缘，再也没有弹过琴。

高山流水遇知音的故事为后世留下了真挚友谊的典范，真正的友谊源自于共同的情操与志趣，是情感的交流，丝毫不受身份、财富、地位的影响。同时，俞伯牙与钟子期不仅仅是知音的典范，也是诚信的代表。伯牙与子期相约见面，绝不衍期；而子期无奈无法赴约，他临死前让自己的父亲在约定地点等候伯牙的到来，就算是死时也不忘生前的约定，这是怎样一种诚信精神！

三、知识点链接

中华民族传统美德，倡导"格物、致知、诚意、正心、修身、齐家、治国、平天下"的实现人生理想的步骤和模式。在中华民族悠久的历史进程中，我们的祖先不止给后来者的我们留下了许多宝贵的物质财富，还给我们留下了一笔笔可以受益一生的精神财富，时时督促和激励着我们。

（一）学习历史可以培养正确的世界观、人生观、价值观

历史知识的宣传和学习在社会主义精神文明建设和构建和谐社会中占有重要位置，是贯彻德、智、体、美、劳全面发展的教育方针，培养经济社会创新型合格人才的重要手段。中华五千年历史，给我们留下了无数宝贵财富，如爱国主义、国际主义、观点和规律、历史责任感等。杨震的拒金论"四知"告诉我们为官要廉洁奉公，诸葛亮的《出师表》告诉我们为国事应鞠躬尽瘁。范仲淹的先忧后乐，岳飞的精忠报国，文天祥的正气浩歌，张煌言的海外孤忠，李定国的倔强边徼都是天日可表，感人至深。历史故事中有大量古今中外著名的政治家、发明家、科学家、思想家、艺术家等为一种新制度的建立、一种新技术的发明、一种新理论的诞生等进行不懈奋斗的事迹，教给我们的青年学生树立正确的世界观、人生观、价值观，学会学习、学会生活、学会处事、学会做人。

（二）学习历史可以开阔视野、广博见闻

学习历史还可以开阔视野，广博见闻，从历史活动的多样性和复杂性中观察社会，

独立思考，体味人生。历史好比人生的舞台，在这里，各色人等，纷纷出笼：有建功立业的风流人物，有正襟危坐的学者鸿儒，有揭竿而起的佣耕农夫，有功成身退的岩穴羽流，有见危授命的孤臣孽子，有拔刀而起的刺客游侠，乃至千金一掷的豪徒等。他们的活动构成了一幅幅色彩斑斓的人生画卷，一个个虽被浪花淘尽，却留给阅史者回味无穷。他们各自的思维心态，行为方式，虽受历史条件的特定，但与今日的某些人也颇有相通之处。阅读这些人的史迹，会广博人的见闻，加强思辨能力，启示人探索人生的真谛。

（三）学习历史可以提高个人的素质修养

历史有教化功能，所谓教化，即通过史实的学习和教育对阅史者和青少年发生潜移默化的效果。历史是中华民族传统文化和传统道德的载体，其中的优秀成分，非学习历史无以得知。周公的一饭三吐哺告诉我们要重才纳贤，孟母的三择邻告诉我们要重视培养下一代，汲黯的抗直告诉我们为人要刚正不阿，孔融的让梨告诉我们从小要讲究文明礼貌。这些优秀的文化成分和道德成分虽然产生在封建时代并带有明显的历史印记和阶级印记，但仍具有闪光的、合理的内核，对于培育我们的思想品格和道德操守是生动的教材。批判地加以继承正是我们今天建设有中国特色的社会主义精神文明的一项重要任务。

四、案例讨论

毛主席阅读过 17 遍《资治通鉴》

《资治通鉴》是北宋时期司马光的一部历史巨著，是司马光耗费了 19 年时间，呕心沥血完成的，书成的时候，司马光牙齿都几乎掉光了。全书上起周威烈王二十三年（公元前 403 年），下迄五代周世宗显德六年（公元 955 年），记载了 1362 年的史事，共有 294 卷。当时的皇帝宋神宗读过后，认为这部史书为政治、军事乃至做人做事都提供了宝贵的借鉴，即“鉴于往事，有资于治道”，所以将这部书命名为《资治通鉴》。毛泽东十分喜爱《资治通鉴》这部史料丰富的历史名著，在毛主席的书架上收藏了好几个版本的《资治通鉴》，休息睡觉时，他的床头也总是堆着几本《资治通鉴》。毛主席不只是简单地翻阅这部书，而是会将自己读史的心得与自己毕生对国家兴亡的理解圈点批注在《资治通鉴》上，毛主席自己统计过，他一共阅读了《资治通鉴》17 遍。

毛主席不光自己爱读《资治通鉴》，还喜欢跟别人讨论这部书，尤其遇到历史学研究者，总要一起讨论一番。1954 年冬，毛泽东对历史学家吴晗说：“《资治通鉴》这部书写得好，叙事有章法，历代兴衰治乱，本末毕具，我们可以批判地读这部书，借以熟悉历史事件，从中汲取经验教训。”我们都知道，古书与现在的书籍不同，都是没有标点符号的，没有较深的古文造诣，没办法读懂。毛泽东请吴晗标点《资治通鉴》，希望可以出版一本普通百姓都能读得懂的《资治通鉴》，这就是我们今天能够读到的上海古籍出版社《资治通鉴》的原因。

问题讨论

1. 我们可以从哪些渠道学习历史？

____

____

____

____

____

____

2. 你最喜爱的历史人物是谁？为什么？

____

____

____

____

____

____

____

五、拓展提升

读史让我们成长

孝感动天

舜，有虞氏首领，又称虞舜。母亲早亡，继母生子名象。继母与弟象对舜心怀嫉恨。舜的父亲眼瞎，又不辨善恶，偏听偏信，对舜虐待，以至加害于舜。有一次，他们要舜去修仓，待舜登上仓顶，他们却抽去梯子，放火焚烧。舜挟着两个斗笠，从仓顶飘然而落，毫发无损。又有一次，他们要舜去淘井，舜刚下到井中，便有土石滚落，舜从井下的地道中不慌不忙走出，使继母及弟象十分惊恐。尽管他们对舜屡次加害，舜对父母孝敬如初，对弟象依然友好。帝尧知舜至孝，又见他德才兼备，使把治理天下的大位禅让给他。舜“兼爱百姓，务利天下”，后世尊为“远古圣王”。

仲尼师项橐

项橐是燕国一个少年。有一天，项橐见到孔子时说：“听说孔先生很有学问，特来求教。”孔子笑着说：“请讲。”项橐朝孔子拱拱手问：“什么水没有鱼？什么火没有烟？什么树没有叶？什么花没有枝？”孔子听后说：“你真是问得怪，江河湖海，什么水都有鱼；不管柴草灯烛，什么火都有烟；至于植物，没有叶不能成树；没有枝也难于开花。”项橐一听咯咯直笑，晃着脑袋说：“不对。井水没有鱼，萤火没有烟，枯树没有叶，雪花没有枝。”孔子叹道：“后生可畏啊！老夫愿拜你为师。”

张良拾履

张良刺杀秦王失败后，开始逃亡生活，来到了下邳。一天，张良在一座桥上见到了一位老者，穿着一身褐色的衣服。这位老者来到张良面前时，故意把他的鞋子扔到桥下，回头对张良说：“小子，你下去把我的鞋子拾上来!”张良惊愕极了，想上去打他一顿，但念及他年纪大了，便忍气吞声地下去将鞋子取上来，并屈膝给他穿上。老者伸着脚穿上了鞋子后便笑着离开了。

老者走了大约一里路又返了回来，对张良说：“你小子是可教之材。五天过后，天刚透亮的时候在此地等我。”张良对此甚为纳闷，但还是跪应道：“好。”

五天后天刚一亮，张良便来到了桥上，老者已经在那里等候了，他生气地说：“怎么能来得这么晚？你回去吧，五天以后还是在天亮时来见我。”五天后，张良在鸡鸣时分便来到这里了，但老者又已经等候在这里了，老者又发怒道：“怎么又来晚了？你回去吧，五天以后再过来见我。”五天后，张良在夜半时分便到了这里。过了一会儿，老者也来了，他高兴地说：“就应当这样。”然后他便取出一部书，说：“读了这些书，你便可以做帝王的老师。十年过后天下将出现大变，十三年后，如果你想见我，便去找济北毂城山下的黄石，那便是我。”说着便不见了踪影。张良天明时将这书打开一看，才知是《太公兵法》，张良就是凭此跟随刘邦征战，为汉朝的建立立下汗马功劳。

程门立雪

北宋时期，福建将东县有个叫杨时的进士，他特别喜好钻研学问，到处寻师访友，曾就学于洛阳著名学者程颢门下。程颢死后，又将杨时推荐到其弟程颐门下，在洛阳伊川所建的伊川书院中求学。

杨时那时已四十多岁，学问也相当高，但他仍谦虚谨慎，不骄不躁，尊师敬友，深得程颐的喜爱，被程颐视为得意门生，得其真传。一天，杨时同一起学习的游酢向程颐请求学问，却不巧赶上老师正在屋中打盹儿。杨时便劝告游酢不要惊醒老师，于是两人静立门口，等老师醒来。一会儿，天飘起了鹅毛大雪，越下越急，杨时和游酢却还立在雪中，游酢实在冻得受不了，几次想叫醒程颐，都被杨时阻拦住了。直到程颐一觉醒来，才赫然发现门外的两个雪人！从此，程颐深受感动，更加尽心尽力教杨时，杨时不负重望，终于学到了老师的全部学问。之后，杨时回到南方传播程氏理学，且形成独家学派，世称“龟山先生”。

断齑画粥

北宋时期，范仲淹曾给后人留下了“先天下之忧而忧，后天下之乐而乐”的千古名句，千百年来受到了人们的赞誉。可是他幼年却出身贫寒，无力上学，只好跑到寺院中的一间僧房中去读书。在寺庙读书期间，他将自己关在屋内，足不出户，手不释卷，读书通宵达旦。由于家贫，生活过得也十分艰苦。每天晚上，他用糙米煮好一盆稀饭，等第二天早晨凝成冻后，用刀划成四块，早上吃两块，晚上再吃两块，没有菜，就切一些腌菜下饭。生活如此艰苦，但他毫无怨言，专心于自己的读书学习。范仲淹正是凭着“断齑画粥”这股苦读的劲头，最后终于成了我国历史上著名的文学家、政治家。

参考文献

[1] 陈洪捷，施晓光，蒋凯. 国外高等教育学基本文献讲读［M］. 北京：北京大学出版社，2014.
[2] 李枭鹰. 高等教育选择论［M］. 北京：中国社会科学出版社，2011.
[3] 戴夫·埃利斯. 优秀大学生成长手册［M］. 15 版. 北京：科学出版社，2017.
[4] 王占军. 大学生职业生涯规划咨询案例精编［M］. 上海：华东师范大学出版社，2017.
[5] 司马光. 资治通鉴［M］. 北京：中华书局，2009.
[6] 钟基，李先银，王身钢. 古文观止［M］. 北京：中华书局，2016.
[7] 杨伯峻. 春秋左传注［M］. 北京：中华书局，2016.
[8] 杨伯峻. 论语译注［M］. 北京：中华书局，2016.
[9] 陈鼓应. 老子今注今译［M］. 北京：商务印书馆，2016.
[10] 司马迁. 史记［M］. 北京：中华书局，2014.
[11] 贺亮明. 文学鉴赏［M］. 成都：西南交通大学出版社，2011.
[12] 王文俊，王晓波，陈令霞. 大学生人文素质教育教程［M］. 北京：中国人民大学出版社，2010.
[13] 王学礼，吴恒春，马飚，等. 大学生人文素质教育读本［M］. 北京：清华大学出版社，2010.
[14] 丰坤武，黄奕. 人文素质教育读本［M］. 2 版. 南京：南京大学出版社，2014.
[15] 成鹏飞，李峰亮. 大学人文语文读本［M］. 北京：科学出版社，2010.
[16] 曾晓鹰，王勤. 中国古典诗词创作与鉴赏［M］. 成都：西南交通大学出版社，2010.
[17] 詹福瑞. 古代诗歌与文化——中国古典诗词专题解读［M］. 保定：河北大学出版社，2012.
[18] 吴朝军，刘肖娜. 温文载道［M］. 西安：陕西师范大学出版社，2012.
[19] 郭桂萍，曹杰. 大学生心理健康教育［M］. 3 版. 北京：北京师范大学出版社，2015.
[20] 吴家荣. 美学与美育［M］. 合肥：安徽大学出版社，2012.
[21] 朱光潜. 给青年的十二封信［M］. 北京：现代出版社，2017.
[22] 汪正龙. 马克思与 20 世纪美学问题［M］. 北京：高等教育出版社，2014.